东方管理前沿丛书

魅力的智造

粉丝产品创新法

◎史贤龙 山峰 著

中国出版集团 东方出版中心

金焕民序： 不惮于做彻底的产品主义者

我与贤龙兄的交道,是从分歧开始的。

当贤龙在第一营销网开博的时候(2010年),我的博客已经是该网数一数二的"名博"。没有想到贤龙兄上来就与同是"名博"的刘春雄老师杠上了。

大家都知道,我与刘老师合作出版了十几本书。可以说,刘老师的观点就是我的观点。如果我也参与他们的论争,两个欺一个肯定不好,于是只能转弯抹角地给刘老师帮腔,遮遮掩掩地批评贤龙兄。

说实话,看了贤龙兄的博客,我第一感觉是专业且有思想。这个年头,专业的人不在少数,但有思想的人可真正是寥寥无几。这种感觉多少让我多了几分好感。那么,我的第二感觉是专业得有些八股——基本属于跨国公司的套路,并且思想也在很大程度上被形式上的八股所限制。

戏剧性的是,"刘史"之争的结果是他们并且捎带着我,成了朋友。尽管我们之间从未谈论过这个问题,但我认为,我与刘老师的思想多少影响了贤龙兄。其直接证据就是贤龙兄跳出了八股的限制,跳出了跨国公司的那一套,开始用自己的思想重整了自己的认识,真的自成一体了。并且用现在流行的说法,还接上了"地气"。如果说他以前只是知识很丰富,表现很专业，那么，他现在则有了在自己思想引领下的系统的认识。

《产品炼金术》是其思想转变和成型的典型代表。如果说该书给出的是打造优秀产品的"术"，那么这本书（《魅力的智造》）则是打造优秀产品的"道"；如果说《产品炼金术》一书解决的是如何打造优秀产品，那么，《魅力的智造》给出的则是如何推广、如何经营优秀产品。

我从来就是一个彻底的产品主义者。今天这么说，可能多少有些得意之色，而在二十年前，提出这样的观点，则多少有点异类，于自身还多少有些惴惴不安。人家都在谈品牌，谈战略，谈文化，谈所有先进和神圣的东西，你却在那里谈产品，谈不做品牌做销量，谈不是品牌也畅销，很有些不合时宜。

问题是，产品是营销的根基，是品牌的基础，不首先解决产品问题，哪里来的品牌，甚至哪里有生存的可能？时至今日，中国企业真正解决产品问题了？我们成为了"世界工厂"，但我们真正成为世界制造强国了吗？

就制造而言，中国缺乏的是"匠人精神"。既缺乏对技术的敬畏，也缺乏对产品的敬畏，更缺乏对卓越品质的孜孜以求。

所以有这样的认识和坚持，也并非我们有什么先知先觉。

我们只是没有像其他营销专家那样迷信跨国公司，迷信所谓先进的营销理念，没有仅仅从表象上看待品牌，而是更进一步深入探讨了品牌的本质，并由此发现了产品与品牌之间的更有价值的逻辑关系。我们由此发现：

品牌首先是一种结果。一种在企业产品长期受欢迎并且在竞争中从众多同类竞品中脱颖而出之后产生的一种结果。

没有产品支撑，没有业绩支撑，没有营销力支撑，根本就不会有什么品牌。那么，回过头来，品牌建设的路径应该是重视产品，重视营销力建设。如果脱离开这些，一味地进行所谓的广告和公关，结果终将是昙花一现。中国企业在很长一个时期像出锅的螃蟹一样一红就死，各领风骚三五年，原因就在于只注意到了品牌的"标"，即品牌知名度，而没有注意到品牌的"本"，即产品美誉度。

其次，品牌是一种坚持。一种对匠人精神的坚持。什么是匠人精神？那就是对产品质量和工艺的精益求精。迄今为止，我们仍然认为中国企业缺乏这种精神。想想我们的先人那种对产品和技术的敬畏。以瓷器为例,封窑时会有仪式,出窑时也会有仪式。

今天德国在西方发达国家中,经济几乎是一枝独秀。有分析者指出,德国产品横行世界一切皆源于德国业界的"手工业精神"。而手工业精神,正是"匠人精神"。

第三,品牌是一种承诺。一种对顾客始终如一的价值承诺。一旦形成独特的产品价值认知,企业应该坚守这种认知,强化这种认知。而基于这种认知,顾客就会形成忠诚。

我们在解剖品牌路径时,提出了这么一个品牌轨迹:产品—主导产品—声誉产品—产品声誉—品牌。

这既是一个从企业内部努力到外部市场认可的过程,也是一个从实体产品到虚拟产品的过程。

一个产品打造得好了,它会成为企业的主导产品;进一步的努力,它会从众多竞品中脱颖而出,成为在行业内、市场上具有巨大声望的产品;进而,企业众多的,一代又一代的声誉产品会为企业的所有产品赢得声誉;这种声誉最终物化在企业的品牌上,使得品牌具有了认知价值。于是,就成就了所谓的品牌。

遗憾的是,我们并没有把研究锁定产品,而是循着产品与品牌的逻辑机理继续向上游研究。高兴的是,贤龙兄注意到了这个问题,并聚焦这个问题展开了深入研究。

祝愿贤龙兄以此为基础,再走得更远一些,取得更多的成就。

作者序： 忘记销售，回归产品

　　一本完整原创的著作，有两种写法：一种是结构化的逻辑演绎式写法。每一个章节，都与前后左右的其他章节有逻辑的关系，即整部著作的内容具备结构化的逻辑关系，无论每个章节的论证形式是数据化的或是文字化的，通常指向一个闭环的结论。

　　这是研究性著作的特征，代表理性的逻辑思维的基本特征，由麦肯锡咨询总结的内容呈现方式：对内容的 MECE[①] 式处理，呈现结果的金字塔原则[②]，科特勒《营销管理》是这类著作的典型。

　　另外一种写法是诗性、跳跃式想象、反结构化的发散式写法。每一个章节的内容不是严谨的逻辑关联，而是一种若有若无的跳跃式的关联，即使归入一类的内容之间，也会有大量涉及其他类别的内容。

　　整部著作，意蕴相同、风格神似，每个章节都可能包含部

---

　　① MECE：即 Mutually Exclusive Collectively Exhaustive，中文意思为"互不包含、完全穷尽"。这是典型的结构化逻辑，目的是做到不重叠、不遗漏。

　　② 金字塔原理：即 Pyramid Principles，由出自麦肯锡咨询的明托女士于 1973 年总结提出。基于 MECE 原则，对论题按照最终结论、分论点、论据的结构进行阐述。即首先将最终结论提出，然后论述支持最终结论的分论点及其依据。这种阐述方式，有利于管理层在最短的时间里，了解一份报告的核心结论，以推动决策及实施，而不是陷入过于冗长的论据综合过程。

分其他章节的内容。赛斯·高丁的《紫牛》属于这一类著作。

《产品炼金术》是第一种类型的著作，是以企业为主体，总结产品智造的一般规律与方法论。《产品炼金术》里总结的111个产品营销思维与方法，是基于大量产品营销的实践与案例，这些提炼与总结，大都经过实践验证是有效的。

《魅力的智造：粉丝产品创新法》，我们尝试的是第三种写法：基于结构化框架的发散式写法。这本书的内容，既是对已经存在的案例的总结，但更多的，是对未来创新的创想、提示与指引。

这样的著作，其每一节的内容，都应该是开放的、发散的、启发性的，每一节的结论不是终点，而恰恰是起点。

《魅力的智造：粉丝产品创新法》，就是要打开企业家、创业者、总经理、营销总监等对企业的产品生死负有重要责任者的思维空间，摆脱对产品、品牌、渠道、管理等割裂的概念束缚，从一个聚焦的点（魅力）向外，对"产品系统"进行全息的扫描与重组，目的只有一个：让企业的产品展现在顾客面前时，不仅有吸引力，而且是企业无声的赚钱机器。

所以读者不必奇怪，为什么在这部以产品魅力为主题的著作里，涉及的并不是传统产品概念里的一个"实物或服务"，而是从产业链、价值链、市场链"三链合一"的全息角度，对如何智造产品魅力的原创性研究。

在《产品炼金术》里已经明确提出：告别过时的产品概念，产品是一个系统。在这本著作里，我们将产品是一个系统的核心观念演绎得更加丰满、丰富，更具创见。

需要特别提示的是，那些将4P(产品、定价、渠道、推广)当做经典而神圣不可冒犯的读者，本书可能破坏了你们头脑里"被格式化"的关于营销的定义。在我们看来，企业要想让产品"魅力无界"，必须回到产品制造、上市推广的源头，即确定投放产品的市场策略原点上去思考：为什么要这样，而不是那样，才能造出一个魅力独具、可引爆市场的产品？

我们深切理解"品牌化"(Branding)战略及技术，在企业运营、产品溢价、产品内涵上的重要作用，但是，我们反对脱离产品谈品牌的品牌原教旨主义观点。没有产品依托、没有产品形成的销量支撑的品牌，是空洞的品牌资产，对于企业除了有心理上的安慰或娱乐之外，必定会将企业拖入泥潭。

凡客诚品在 2011—2013 年的衰落，正是伴随着一系列大明星、大创意、大媒体的品牌宣传。中国营销史上的标王式广告造星运动，倒下的不是一个两个，流星式品牌（1—2 年间就大起大落），更是不胜枚举。

产品是企业的命根子，产品是增长的永恒驱动力，同时产品的恐龙化，也就是企业的末路：摩托罗拉、诺基亚、黑莓、柯达，以惊人的速度由巨人变成僵尸，这种商业史上的寒武纪，就发生在短短两三年的时间周期里，如果还不能让"品牌原教旨主义者"认识到产品是品牌的载体，继续迷信所谓"品牌的力量"，那只能说这些人愚昧到不可理喻。

还有一个重要的新时代背景，从 2013 年起，中国进入移动互联网新时代。在这个新时代里，初创企业逆袭传统品牌，几乎成了家常便饭：三只松鼠两年做到三亿元，进入坚果炒货行业前五名；小米三年做到 300 多亿元，敢用三年超越千亿巨头格力；褚橙一年半的时间，让高出传统橙子价格一倍的冰糖橙供不应求；罗辑思维自媒体，两次会员招募，首批六小时入账 160 万元，第二次一天收入 800 万元。

这些逆袭的案例背后，都不是一个传统意义上的边界清晰的产品，而是都有一套系统在支撑，无论这个系统是产品运营方自有的，还是利用了社会系统提供的条件。让习惯高高在上的行业领导品牌跌掉眼镜的是：无论你理解不理解，认同或不认同，这些散发魅力的产品都迅速杀出一片新天地，势不可挡地成为市场的硬通货！

没错，魅力就是硬通货！

产品智造出魅力，就是随时可以与消费者实现价值交换的一般等价物——硬通货。产品就成为将价格卖出去的支点。特别是，魅力产品可以绕过所有中间的传播、渠道，直接与购买者对接：2013 年，小米商城成为天猫、京东之后的第三大 B2C 电商，而小米商城里的产品只不过是几款手机及十几种部件！

移动互联网时代为产品找到了一个新的快速增长路径：绕过高昂的广

告传播媒介门槛、绕过高昂的渠道开发与建设门槛，让产品找到滚雪球增长的顾客。

这就是我们在本书阐述的移动互联网时代的企业运作新路径：首先，核心也是关键支点是智造魅力产品；然后让社交化传播与渠道的力量形成顾客滚雪球；最后是设计一个强化顾客滚雪球循环的套利模式，实现魅力产品—媒渠—体化—套利模式的闭环。

在这个闭环的逻辑里，企业只要聚焦核心能力，智造出有魅力的产品，销售实际上可以不用再像传统企业那样投入太多的资源、精力、时间。无论此时的你是否相信，我们要说：忘记销售，回归产品，运用本书的方法论打磨出产品的独特魅力。

这是本书既发散出去，又聚焦回来的原点。

我们故意没有像《产品炼金术》那样归纳为111个，读者看本书的章节目录命名方式可以感受到："无"，是无限可能。

跟随这本书，打开你的大脑，放下所有的框架、概念，在"无"的世界里，展开一次"无限"的思维放射，去感悟创造属于你的粉丝产品的新世界！

目　　录

金焕民序：不惮于做彻底的产品主义者 ················· 1

作者序：忘记销售，回归产品 ············· 1

第一章　顾客无绪 ··············· 1

顾客：只为魅力产品尖叫 ············· 1

　　一边是鲜花，另一边是落寂 ············· 1

　　消费者因何而变 ············· 2

热点过山车 ············· 4

　　快起快落的行业与企业 ············· 4

　　每一次跑马圈地，都会制造出大量流星 ············· 5

时代变了 ············· 6

　　低头族是全民最大党 ············· 7

　　"云模式"诞生 ············· 8

搅动顾客需求的五只手 ············· 9

　　营销在变成什么？ ············· 11

传统企业：如何跟上新时代 ············· 12

　　大众用品顾客：我们本不浮躁 ············· 12

　　高端商品客户：有钱有闲玩理想 ············· 13

　　私人定制你的魅力模式 ············· 14

第二章 品牌无魂 ································· 16

品牌的商业本质 ································· 16

品牌的商业本质 ································· 16

品牌灵魂是何物? ································· 17

品牌化方法要更新 ································· 19

以小见大：这种命名工具错在哪? ········· 19

空壳品牌，时代的产物 ····················· 21

魅力产品创造"刚需" ····························· 23

谷底就是风口，魅力产品必然横行 ········· 23

魅力品牌：隐身 ····························· 25

品牌魅力：实现高阶功能 ················· 26

魅力产品炼成记：褚橙为什么这样红? ········· 27

品牌化手法 ································· 27

销售渠道的创新 ····························· 28

精明的定价策略 ····························· 28

包装的用心与品质化 ····················· 29

产品概念化 ································· 30

产品特点带来回头客与粉丝 ············· 31

难以复制的传播模式 ····················· 32

第三章 产业无疆 ································· 33

产业，熟悉的陌生人 ····························· 33

行业，需求反向萎缩 ····················· 33

行业，需求迁徙 ····························· 34

行业，利润遭到破坏 ····················· 35

营销 4P 不再是解决问题的层级 ················· 36

从广州到北京，你会选择自行车做交通工具吗? ········· 36

天变了，4P 还能管用吗? ················· 36

产业融合的魅力化道路 37

　产业魅力化融合的景观 38

"企业思维模式"要改变 40

　魅力：魅力化解决需求，依托产业中生出 42

　隐销：重置产业运营方式 42

　套利：依托产业盈利 43

第四章　魅力无界 44

完整"新"世界 44

　45天鸡：代表"进步"还是"退步"？ 44

　效率文化下的"人类社会"：高效而无趣 45

　人类社会在呼唤社会性回归 46

完整的产品系统对应"完整新世界" 47

　新视角：用"产品系统"来代替"产品" 47

　扩大版的"产品系统" 48

　"产品系统"的运用原理 48

社会属性下的魅力产品：卖生活 49

　消费者：花钱"买生活"而非"买产品" 49

　企业：社会化，需要个性表达 50

经济属性下的魅力产品：卖借鉴，卖刺激 50

　新世界中的两大经济性特点：高度竞争、物质过剩 51

　魅力产生的方向之一：花钱买借鉴 51

　魅力产生的方向之二：花钱买刺激 52

魅力产品的新金字塔结构 52

　终极形态——金字塔形结构 53

　过渡形态——倒金字塔形结构 54

　中国企业的选择 55

魅力产品系统要素之一——生产商 55

新视角：在生产商中寻找魅力 ……………………… 55

产地的魅力化 ………………………………………… 57

厂房、设备的魅力化 ………………………………… 61

制程、原料的魅力化 ………………………………… 64

"人"的魅力化 ………………………………………… 68

魅力产品系统要素之二——"产品" …………………… 71

产品，企业的基石 …………………………………… 71

实物产品魅力化 ……………………………………… 73

魅力产品的定价 ……………………………………… 78

产品中的无形部分魅力化 …………………………… 81

魅力产品系统要素之三——消费者 …………………… 84

缩小顾客范围，是智造魅力的"快捷方式" ………… 84

三种最有实用价值的"聚焦"方案 ………………… 85

更普世的方法：改变消费者的流程 ………………… 87

魅力产品系统要素之四——相关企业 ………………… 91

从竞争对手处智造魅力 ……………………………… 91

从物流环节智造魅力 ………………………………… 93

从供货商处智造魅力 ………………………………… 96

魅力产品系统要素之五——社会 ……………………… 98

正能量——一种社会化魅力 ………………………… 98

社会化魅力注入实体产品 …………………………… 102

社会化魅力注入组织 ………………………………… 104

第五章　隐销无形 ……………………………………… 108

营销环境巨变：来自新技术和顾客的双重冲击 ……… 108

营销的底层架构：订单链＋传播链 ………………… 110

技术红利：两次完美运用 …………………………… 112

企业隐身：从"前台"到"幕后" …………………… 114

个性化的订单链：不再是"公共汽车" …………… 116

　　碎片化的流量获取 …………………………… 119

　　线上线下层层递进的商品展示 ……………… 122

　　线上线下融合的询盘与选款 ………………… 129

　　订单结算：常规武器也能生花 ……………… 133

　　货物交付不等于物流 ………………………… 137

针对痛点的设计 …………………………………… 140

　　百变：传播链 ………………………………… 142

　　高效传播渠道之一：由大变碎 ……………… 144

　　高效传播渠道之二：由远变近 ……………… 145

　　降低传播中的损耗之一：由"王婆"变"隐身" … 147

　　降低传播中的损耗之二：内容由"硬"到"软" … 150

　　去中心化传播 ………………………………… 153

第六章　套利无声 ………………………………… 157

套利：企业不可不知的奥秘 ……………………… 157

　　企业长寿的奥秘：套利 ……………………… 157

　　新锐企业崛起的奥秘：套利 ………………… 158

　　企业组织力的来源：套利 …………………… 159

套利比白送更有成就感 …………………………… 160

　　生活中的套利智慧 …………………………… 160

　　套利：成本置换术和利润创造法 …………… 161

　　套利：如何让企业持续盈利 ………………… 162

套利的设计原理 …………………………………… 163

　　套利的两大方向：利润和成本 ……………… 163

　　套利的前提：魅力型产品 …………………… 164

　　套利的范围：产业链、产业圈 ……………… 164

　　套利方法之一：置换固定成本 ……………… 165

套利方法之二：置换推广成本 ……………………… 168

套利方法之三：羊毛出在猪身上 …………………… 171

套利方法之四：挂羊头卖狗肉 ……………………… 173

套利方法之五：生产端变成利润池 ………………… 178

套利方法之六：竞争者变成抬轿夫 ………………… 183

轻松赚钱：套利思维三部曲 ………………………… 186

第七章　品质无缺 ……………………………………… 191

本书的商业逻辑 ……………………………………… 191

魅力何来? ………………………………………………… 192

魅力产品的本质 ……………………………………… 195

魅力品质的特殊性 …………………………………… 197

魅力产品的六个必要元素 …………………………… 199

跋：致艰苦跋涉中的创造者 ………………………… 202

第一章　顾客无绪

顾客：只为魅力产品尖叫

一边是鲜花，另一边是落寂

当传统媒体不断传来亏损、裁员的消息时，"罗辑思维"这种二人转般的小制作自媒体居然能24小时售卖800万元。

当各鲜花店抱怨客流稀少，为了盈利给红玫瑰变身成为"蓝色妖姬"，被揭秘、库存砸手里时，野兽派鲜花店、roseonly等网络品牌近千元的花束卖得火热。

当北京街头一家又一家的煎饼果子摊在烈日寒风里艰难讨生活的时候，价格高数倍、口感一般般的"黄太吉"开进了SOHO、三里屯，接到单次消费近八万元的友情订单，都市小白愿意挤七站地铁去排队品尝。

90后的神女孩马佳佳，不仅在中欧、长江等商学院开讲其"互联网思维"，商界大佬冯仑、投资界徐小平、企业界万科，都引述她的互联网观点。马佳佳(本名张孟宁)，只是开了一家情趣用品商店的传媒大学毕业生。她引起的媒体关注显然超过情趣商店的销售价值，她的姿态不过是撩开当代中国90后女性与男权社会的青春与财富的暗战。

一花开时百花杀？

目前的态势似乎真的如此。一方面是大量的企业成为杨白劳，在无订单等死与有订单微利之间苦苦挣扎，一面是各类推出魅力型产品的企业被

1

鲜花和闪光灯包围。同样的一批消费者，为什么面对一家企业的"跪舔"冷漠离去，而愿意去为另一家企业排队卖肾？

企业家们好伤心！我的品牌不强大吗？我的产品品质不好吗？我的价格不公道吗？……当诺基亚倒下，当索尼宣布"将把 PC 业务和 VAIO 品牌出售，最后一批 VAIO 产品在全球发布后，其生产和销售工作也将停止"时，举世震惊，中国一线企业老板们集体陷入沉默。

消费者因何而变

消费者为何而疯狂？魅力产品。这是显而易见的答案。

也许有人会说，这些所谓魅力产品是赶新鲜，或者就是一阵风……消费者会对你轻松地说一句：也许是吧，可这又如何？我喜欢就好，有乐子就乐一下吧！

这不是所谓 80 后、90 后才独有的现象：喜欢《甄嬛传》的一定不是马佳佳这类黄毛丫头；追捧《小时代》票房超过"大导"们的观众，冯小刚、张艺谋、陈凯歌都没有把他当回事；马佳佳虽然游走在老男人们的视线里，但她的情趣用品，显然有另一群与上面三类人都不同的喷嚏顾客——"都市小白"，都市小白们喜欢《失恋 33 天》、《北京爱情故事》这类影片。

这些消费者，对某些产品是完全没有抵抗力与免疫力的。他们不在乎产品是否大牌或者由大企业出品，是历史悠久还是初出茅庐，他们只在乎这些产品是否有打动他们心灵的魅力：按照最新的互联网词汇，即产品是否掐准了"顾客痛点"。

从营销角度看，顾客痛点与魅力产品，只是一枚硬币的两面。从智造产品的角度，需要研究的是：为什么让追逐品质、追逐品牌的消费者大规模地转向了魅力产品？是什么改变了他们的消费偏好？这些问题更值得思考。

原因之一：永恒的欲望

物质时代的奥秘之一就是让消费者消费上瘾，放大消费者的欲望，让消费者如同得上脚气病一般地追逐物质——即便挠得出血，下次还想挠，越痛越爽。

不要嘲笑为 iPhone5 卖肾的小男生，我们每一个人都有同样的行为模式，被屌丝羡慕的成功人士也会在牢房或手术台时明白，自己曾经追逐的东西原来并非是最重要的。

欲望之下，我们必将渴望新的体验、新的产品，那必将是下一轮力度更大的挠痒痒。

原因之二：富裕

30 年前，一个人的农业生产只能养活 2.3 个人，我们当然缺衣少食。现在，一个工人可以生产 57 个人需要的物资。在劳动生产率不可思议地飙升后，无论二次分配体系如何复杂化，整个社会温饱问题基本解决，饼大了 20 倍，底层大众怎么分也能吃得上饭。

精英们分到更多更大比例的饼，所以更富裕，于是刺激起各类价格高昂的欲望产品。在"出人头地"的思维下，各层人民都争先恐后地享受"成功带来的快感"，出现了看似矛盾的奇景——众人一边抱怨"生不起，养不起，死不起"，一边可支配收入上涨，所有人都"不差钱"、家家都有车，买房像买白菜。

学生都在买新潮的手机，打工族在买新款的汽车，白领们有各种个性化的嗜好，中国大妈买黄金吓到了华尔街……

原因之三：信息透明度高

既然有澎湃的欲望，又有供自己挥霍的钞票，为何大家都抛弃了"大品牌"？因为信息透明度高了，大品牌习惯了信息不对称，习惯了玩空洞的"心智区隔"、"品牌洗脑"，必将死得很惨。

欧洲的奢侈品大牌们的顾客在哪里？不在欧美，大多数在金砖四国！再过几年，只能在中东和非洲寻找顾客。

即使"第一夫人"再多用几套国产品牌的服装，没有新理念下的革新，没有实质性的魅力体验，中国绝不可能出现奢侈品牌的服装。奢侈品品牌本身就是一个落伍的奋斗目标，就如同 20 年前大热的另一个奋斗目标：百年老店。

明白了三大原因，必能明白当下产品热销的基本定律：无魅力，无前途。

热 点 过 山 车

快起快落的行业与企业

"砸广告、高库存、品类大跃进……它是凡客，它挣扎在亏损之中，甚至被供应商追债上门。它从北京城二环搬出了五环，员工总数从高峰时的11 000人，削减到现在的3 000人。"这是2013年末媒体对凡客的描述。

2011年初的凡客不是这个样子的，那一年，凡客体流行，那一年凡客的包装盒让人眼前一亮，很多人舍不得扔，自己动手DIY成各种生活用品，那一年，明星在凡客广告上出境会直线拉升自己的地位……

那一年，离2013年只有两年！

2011年，一夜之间，潮男潮女们都开始用团购订餐，无论是闺蜜逛街还是同学聚会，都会"先团购、再出发"。2011年，团购是如此风光，估值甚高，以至于没有任何一家Top10团购网愿意被Groupon注资控股。独立融资拓展市场并IPO成了Top10领军人物的共同想法。

为了抵御Groupon入华和率先登录NASDAQ，拉手网2011年4月完成C轮1.11亿美元融资，加上之前两轮的融资，拉手网三轮融资共计1.66亿美元；2011年7月，美团完成B轮5 000万美元融资，阿里巴巴成为最大股东，目前第三轮融资也在进行中；此外，共21家团购网完成共约4.5亿—5亿美元的融资……

2012年风云突变：春节后团宝网的倒闭，到10月底24券的休克死，团购网站以每天5.9家的速度减少，与总数最高峰6 101家相比锐减53%。团购公司都在翘首以盼春天的到来，那种表情和心情，同在股市被套的老头老太太何其相似！

那一年，离2013年也只有两年！

是什么力量让两年之间，热到发紫的行业、风头正劲的品牌，突然之间就消沉甚至消亡?

每一次跑马圈地,都会制造出大量流星

消费者的需求方向并没有改变,改变的是每个时代满足这些需求的产品形态。那些认为80后、90后消费者在改变市场的论调,其实是反映新陈代谢自然规律的废话。

每一个时代,在需求红利与产品供应红利的双重刺激下,都会迅速在供应端(B端,即制造、分销与零售企业)产生跑马圈地的景观,这就是拉动GDP三驾马车里的"投资马",然后大量的供应与传播促销,快速催熟市场端(C端,即消费者)。

到了需求方向改变的时候,过度投资的B端出现产能过剩、产品过剩,企业开始倒闭转型。这就是我们看到的过去20多年里,不断上演的品牌生死剧的本质:需求的转移。

20年前,物资缺乏,在巨大的消费需求红利面前,可以迅速涌现明星产品和明星品牌。现在,同样存在巨大的冰山下需求,一旦出现魅力产品,企业依然面临的是跑马圈地的场景。

20年前,爱多因为产品短板倒下了,说明空壳品牌是有缺陷的。目前,凡客冬天了,说明"品牌失魂"的企业也必然要出问题。

20年前,保健品这类靠造概念造出来的产品,太阳神、三株、红桃K、巨不肥、脑白金如今风光不再,这些"替代性满足"的产品陆续遭遇滑铁卢,原因很简单:在产品丰饶时代,消费者的需求不再需要替代性满足。

千团大战的退潮,也是需求端的变化:团购不仅仅没有提升产业效率,反而增加了一个环节,降低了餐饮产品含金量,于是团购商家的热情开始降低,甚至提供虚假的优惠(先提高菜价,再发团购优惠),价格敏感的都市小白们弃用团购或谨慎团购,证明需求不能建立在沙滩上。

需求,是一切营销的核心、商业血液里的红血球。需求贫血,企业就会大量死亡。对于中国这样一个快速变化的社会,研究需求,特别是对需求的变化保持足够敏感度,是企业生存的必备技能。

我们的发现是，在移动互联网时代，需求正在发生重大变化。这种变化有其独特的时代特征，比一般的代际更替、产品供应更替有更深的内涵。

为什么企业开始感觉到顾客不好对付了？他们更挑剔、更不喜欢被推销、对品牌没有忠诚，或者对某些产品死忠不悔。看不懂顾客的企业越来越多。

满大街都在说"得屌丝者得天下"，人民品牌凡客，怎么就忽然被群众（屌丝）们扔到垃圾筒里去了呢？顾客怎么翻脸如翻书，变得如此"无绪"？

答案并不在顾客，而在时代。

时 代 变 了

当弗里德曼写作《世界是平的》之时，商业刚刚进入以 Web2.0 为特征的信息化二次升级时代。在 Web2.0 时代里创造出来的新商业形态：免费、长尾、众包、维基、搜索引擎、博客、部落、视频等，突然在 2008 年发生了质变：一个过去靠接受大众媒体（包括互联网，下同）信息，然后口碑传播、再反馈到大众媒体的信息传播路径，被"拷贝"Twitter 及 Facebook 每条只能发 140 个字符的"A2C"（美国到中国）新浪微博颠覆。

新商业时代在中国的纪元年是 2008 年，标志是新浪微博的诞生。

从 2008 年以来新的互联网环境彻底重塑了商业的基本面貌：从生活、消费、工作、管理、媒体、营销等各个方面，今天的商业生态与 2008 年前的信息经济发生了质的变化（原有的经济形态并未完全消失）。

这就是人类从来没有如此被紧密地连接在一起，并且历史性地、第一次实现了绕过所有中间媒介（报纸、杂志、广播、电视等）、让每个人与所有人的自由交流的新媒体：从互联网上的微博、视频到移动互联网（手机），以及即将到来的家庭终端（智能电视）的无缝连接。

短短五年，信息经济再次发生地震：2013 年成了移动互联网（MI — Mobile Internet）元年，这个时代的标志是微信。

移动互联网为中国社会添加了另一个"大砝码"：（Anybody ＋

Anything＋Anytime＋Anywhere）×Connected，即"人物时点"的自由"连接"。这是一幅巨大的社会生活场景。

从微博时代（Web3.0）开始，到微信时代（MI，移动互联网），每个人可以与正在发生的事件、现场者、非现场者同步交流彼此的观点与情绪。

Twitter CEO 迪克·卡斯特罗称，Twitter 改变了美国的选举生态。FT（Facebook＋Twitter）媒体的出现，在国际及国内重大事件上，已经显示了巨大的力量，如阿拉伯之春、占领华尔街、2011 年的动车追尾事故、郭美美红会炫富门等。

社会、商业及个人生活的方式或者被改变，或者已经在改变。

低头族是全民最大党

中国一部分（尤其是北上广为代表的核心城市）城市及人群，生活方式与消费形态发生了显著的变化：媒体广告不再是他们做出购买决策的主要依据，而是圈子里、网站上的用户对商品的评价。

这些人依然热衷于逛街，但会在看到喜欢的商品时，拿出手机到电商网站搜索比较产品的价格；这些人去吃饭、美容、健身甚至看电影、旅游等，会到大众点评网、途牛网或团购网站上，搜索是否有自己喜欢产品的团购优惠，然后以原价 2—4 折的价格享订购产品或服务；对于年轻的时尚潮人来说，通过 LBS（位置服务）如陌陌、微信等，可以很容易找到距自己最近的陌生人，经过看照片、签名信息及短暂 IM（即时通讯）交流，可决定是否相约共进晚餐。

媒体称其为"低头族"。当世界上最远的距离是你在我对面，可是你在看手机的场景成为社会新问题的时候，低头族宣告了自己是全民最大党。

低头族对市场、销售及营销有何影响？

低头族这种新生活方式及消费形态的出现，意味着继续在传统媒体上大投广告的品牌，被浪费的不仅是无法控制的一半，而是有效的另一半的含金量也会大打折扣，甚至收效甚微，因为消费者接收信息、评估商品、购买决策的方式正在发生质变。

"云模式"诞生

社会化商业新生态，即由社会化媒体、搜索引擎、电子商务、移动互联网组合而成的社交网络，即云平台＋三屏（手机、电脑、电视）合一＋SoLoMo（社交-位置-移动）的新商业生态系统。

与人、与人的行为有关的信息、数据，都被这个系统收集、分析并输出为新的刺激元，推动着企业营销方式的改变，如电商企业依据浏览、购买、关注、收藏、转发等网上行为，分析消费者的商品偏好与购物意向，发送推送邮件、短信、微博等，刺激消费者的关注及购买欲望。

在消费者的云生活方式背后，社会化营销路径初步形成。

在过去 20 年（1991—2011 年）里崛起的中国企业（及品牌），实际上被大三规则主宰或驱动，即知名度、渠道力、执行力。消费者总体是被动、滞后地接受厂家的"媒介轰炸"，然后到终端货架上完成购买。

也就是说，企业如果有足够的资金投放媒介，就掌握了引导消费者购买偏好的钥匙。在媒体（包括互联网）掌握舆论权与话语权的时代，媒介"声音"的大小，决定着品牌的江湖地位（排除蓝田莲藕汁这种造假、秦池等没有品质支撑的广告轰炸失败的个案）。

脑白金、黄金酒、巨人网络代表恶俗广告，蒙牛代表的事件炒作等形式，都是用"媒体当量"吸引眼球的"单向控制"的传播模式。这些广告以恶俗、平庸的创意霸占主流媒体的黄金广告时段并反复播放，消费者的心智就只能被恶俗广告"强奸"。

消费者的厌恶、学者的声讨，都不能快速连接在一起，反制这些恶俗的广告行为，而是被这些企业雇佣操纵的更强势巨大的新闻、公关（水军）淹没。

社会化媒体的传播模式，颠覆注重知名度的单向强迫传播模式。即使现在还没有形成对创意传播的广泛重视，社会化传播本身不可预测与控制的爆炸性传播能量，已经足以令企业必须重视"美誉度"是如何炼成的这个过去不甚在意的问题。

在社会化商业生态里，一个不起眼的事件，很有可能被放大为爆炸性的事件。2011年春节前，百胜旗下百事可乐、乐事薯片等为宣传产品的微电影"把乐带回家"贺岁广告，在春节回家的大背景下，在门户、视频网站、微博上引发巨大的点击，好评如潮。2013年春节，微信发红包红透全中国，甚至转移了往年对春运紧张的社会情绪。

社会化商业是一种碎片化，但又具有不可思议"连接力"的网络微生态系统或产业集群：微博、微信、微电影、微店、微支付、微活动、微推送、微服务、微创新等。

这个现实的好消息是，企业可以不去硬拼传统媒体的广告费用，多花些心思与时间在社会化媒体的创意及传播上，一样可以扩散品牌知名度，甚至创意够好，美誉度也瞬间建立起来；并可以通过与电子商务系统的链接，将流量（关注）、美誉度直接转化为购买力。

这个现实的坏消息是，社会化商业让营销变得不那么简单，甚至有些难以捉摸，要找到带来龙卷风的那个蝴蝶的翅膀，是个大海捞针般高难度的活计。

无论企业对社会化商业生态抱有怎样的态度，社会化商业已经是一个客观的、不以任何人意志为转移的自组织的生态系统，也是社会化营销即新整合营销必须面对并提供操作方法论的新课题。

搅动顾客需求的五只手

顾客无绪的表现已经层出不穷，身边到处都是。我们要给读者提供理解、判断、预测顾客需求变化特性与方向的五把钥匙，即理解或把握移动互联网时代，搅动生活在云端顾客痛点的五只手。

第一只手：逛商店不再是为了购物。

去商场抄货号，然后在淘宝等电商网站上购买，可以省下30%左右的费用，消费者何乐不为？这在2010年前曾是品牌商、渠道商头痛的问题。2013年，抄货号变成了"扫码"，几乎每个品牌、零售店都开始鼓励顾客扫码订阅自己的微信公众号——至少这些是潜在的顾客。

消费者逛街，未必是为了购物，而是一项休闲、娱乐、社交。各大Shopping mall 里的电影院、餐馆、游戏厅、健身馆越来越大，曾经红火的手机卖场、家电卖场等，面积越来越小。

企业有没有感受到这只手在搅动什么需求？电商、移动互联网让逛街购物的消费模式发生改变，消费者购物行为的路径在发生变化。企业如果仍像过去，将资源投向零售店的装修、促销，还有用吗？

第二只手：付钱不再用现钞或刷卡。

2013 年"双 11"支付宝收银记录：55 秒，1 亿；6.07 分，10 亿；5 小时 49 分钟，破 100 亿；13 小时 39 分破 200 亿！销售效率进入核子弹时代。

2014 年春节的微信红包、滴滴打车微信支付返利，本书的读者参与的有多少？是否意识到一个新的生意机会展现在你的面前？

你还在零售店等待顾客去缴款吗？Out 啦！赶快研究一下，哪一种手机支付方式适合你的产品，否则你的顾客将被对手"劫"走。

第三只手：买不买你要看网上买家的评论。

消费者永远需要一个指导者，时代的进步，让他们找到了比各类企业广告，收了红包的小编软文更可信的指导者——其他消费者。微博、大众点评网、电商评价栏等在技术上为此提供了便利。

2014 年 2 月 17 日，腾讯以 4 亿美元购买大众点评网 20% 股权。随即，大众点评团出现在了微信"我的银行卡"的推荐栏目里，腾讯收购的目的是为微信支付找到进入餐饮市场的流量入口。同日，淘点点宣布，开放 20 个城市合作伙伴招募，补贴 1 亿元，加速淘点点在点餐、外卖商户的普及率，做阿里 O2O 的排头兵。

消费者先看评论再买的行为模式出现后，顾客要是在淘宝购物后给差评，会惹来卖家寄死耗子的咒骂。为什么？一个差评等于在断了这些网店的未来生意。

断人财路的事固然要慎重，但不正是说明，在网络的世界里，购买驱动力的关键因素及触动按钮已经改变？管理这些过去不需要管理的大众点评,已成为影响产品销量的关键因素。

第四只手：圈子决定了 80% 的消费产品。

你的顾客为什么流失了？在移动互联网时代,"圈子"不是一个兴趣聚会,而是成为决定消费者 80% 商品采购意向的意见交换平台。

每一个圈子,是"我们是同一群人"的外在标志。这些圈子在决定产品的成功：接触、体验(吐槽)、推荐(转介绍),过去的"消费者黑箱",如今都变成一个越来越透明、可控的过程。

在社交化环境里,消费者的需求,实际上更多取决于"圈子",尤其是圈子里"意见领袖"的评论。2014 年,是中国"圈子"现象大爆发的一年,几乎每个人都被拉进了各种圈子,而每个人也可以创建自己的圈子。

第五只手：无时无刻都可以发生购买行为。

传统的消费者,晚上在电视前接受品牌商广告的轰炸,留下记忆后,到零售卖场完成购买。电商兴起后,消费者可以在电脑、平板上挑选购买商品。现在是手机,随时随地可以挑选、下单、支付。

技术的普及,使得 365×24 小时永不停息地销售成为常态,销售再也不用受地域、时间、昼夜、作息、渠道、终端、收银、支付等所有的限制,销售可以真的长出一张隐形的翅膀自由飞翔,商家可以在睡觉中听到订单、汇款的声音。

在上述五只与产品无关之手的搅动下,顾客需求也不再由顾客决定,想淡定也难做到。

营销在变成什么？

在上述五只手的作用下,你还能按照传统地躺拳(深度分销)、广告轰炸等模式去获得消费者吗？读者至此想必明白我们的观点：顾客无绪的背后,其实是没有跟上时代变化的企业。

在移动互联网时代,企业要做的事情,不再是传统时代的渠道、招商、广告、媒体,而是要抓住一个核心：为产品找到滚雪球增长的顾客。即搭建产品与顾客的直通车,企业的所有资源,必须聚焦在产品、销售模式、盈利模式三个核心环节上，其他的经营环节，都可以外包。

要捕捉新时代的消费者，要让这些传统企业眼里无绪的消费者成为你的粉丝，接触、影响、成交、服务、管理。

传统企业：如何跟上新时代

历史如同电影，相似的故事一再发生，只是更换了场景。为什么？因为故事虽然不同，人的贪嗔痴是相同的，所以结局一定类似。十年前给各企业推销"品牌广告"的各类 4A 广告公司，两岸三地的著名广告人，本土的策划大师们，同今天言必称互联网思维、大数据、O2O 的人士有什么不同吗？是不是不分行业特质、企业特质，试图用一个普世、套路化的东西去点石成金？

与成功人士站得近的往往不是成功人士，是脑残粉，急哄哄地贴紧新生事物的人也不一定是懂新玩法的人。传统产业的魅力化，一定要如同黄太吉一般去运作吗？当然不是，那只是互联网人士，传媒人士理解的魅力化，绝非唯一路径。

新的消费潮流，传统企业如何驾驭？

大众用品顾客：我们本不浮躁

在魅力化商品时代，大众用品有三个魅力化的方向：

- 原本相对高端的产品步入寻常百姓家，这就是小米路线。
- 加入新元素、新体验，与消费场景互动的新商品，比如用产业新技术的 google 眼镜，可穿戴设备，又比如加入新元素的"罗辑思维"。
- 引领心灵的体验型产品。

第一个道路最容易被"外行"抢跑，因为他们没有行业基础，容易依托多点盈利的手法来抢夺市场。第二条道路本书中有很多分析的章节，这条道路，能最大限度地发挥"业内人士"的行业知识和行业认识，能动用产业内的各个元素，重新组合出魅力产品，这是一种"内生"的魅力。

我们心中最完美的是第三条道路。这条道路，需要魄力和能力，因为它需要改变和引领消费者。

当今的消费者，虽然物资丰富，口袋满满，容易体验新的东西，但是，其内心还是缺乏能帮助其"安"的产品。消费者一面体验着自己"成功的回报"，一面憧憬着一个比自己更为成功的邻居，生活为社会力量所推动不得不走，正在走的却未必是自己想要的道路。

这是一个普遍现象，如同党中央反腐，时机非常好，不仅百姓欢迎，官员也称道。当年凡客的"凡客体"广告打动了多少人？如果他的产品能像乔布斯一样把这种理念体现到产品中，凡客恐怕早已成为神话。

在中国，行业受制于各种无管制的环境，"雷锋"吃亏，各类"潜规则"横行，各行各业都有迫于无奈的行业惯例，如果在不砸掉同行饭碗的策略下推出新理念的产品，都会获得难以预见的成功……

互联网时代，好事会由消费者传千里。

高端商品客户：有钱有闲玩理想

中国企业界摸索高端产品已经有 10 年左右的历史了，目前来看少有成功的企业和品牌。很多人的脑海里，高端商品存在于如下几个方向：

- 血统纯正、国际通行的牌子货
- 高科技的尖端产品
- 正宗古法的祖宗货

这些都是错误的方向，我们访谈过国内各行各业的高端消费者，无论是国际大牌、顶级游艇，还是一线产地古法制作的茶叶，这些东西都是场面货，无法拨动他们的心弦……在这三条道路上行走，试图以文化的名义商务，试图缔造暴利品牌，均被高端人士一眼洞穿，即便戴上一些新手法比如众酬众包之类的面具，其结局依旧是"愚人者自娱"……

那么正途在哪里呢？

中国几千年以来，一直是一个"玩圣贤"的文化。这是中国人血脉中的根，很多高端人士在人生成就达到顶峰的时候，就会超越"成功就是赚钱"的阶段，对此自然而然地生出需求，这才是高端产品的方向。

　　稻盛和夫有学佛的成就，他把这种理解变化出各种东西，运用在他的日常生活、工作中，他的企业就带有这种文化的品位，相应的对一部分人士就会有致命吸引力。一个境界高的人，做什么行业都有可能搞出带有个人印记的东西，这个时候，高端消费者会聚集到这个人周围，出现自组织所说的"群体"、"众包"、"众酬"等外部特征……

　　我们坚信，未来的 10 年，各行各业中都会出现带有中国文化印记的高端产品。

私人定制你的魅力模式

　　移动互联网的本质是什么？目前的平台大战，即二马（马化腾、马云）大战吸引媒体的关注，我们认为企业在这个新时代的入口处，要关注新动态，但切勿乱花渐欲迷人眼。企业需要思考的不是二马大战谁胜谁负，而是于正在形成的移动互联网新生态里，找到企业的新营销路径。这条路，注定不是媒体整天发布的新闻里可以有的路；这条路，要自己"私人定制"。

　　企业要用移动互联网思维重新思考企业的商业模式、营销模式、销售模式，包括资源的配置等；其次是沉下心来，认真地独立思考或联手对新时代、新模式有研究的外脑，尽快实施创新战略。

　　大变革的时代，是考验企业战略智慧的时代。有领先的战略智慧，并采取准确快速的行动，才能获得新时代的红利。

　　中国市场的变革有过三次创新革命，经历三个世代，形成了三个世界：第一次，现代零售渠道（以 KA、连锁店、shoppingmall 等形态）对传统的批发流通渠道的革命；第二次，PC 平台电商对商业地产零售的革命；第三次，移动电商对 PC 电商的革命。把这三个世界的消费环境、消费驱动力、技术支持等认识清楚了，才会知道企业往哪变、怎么变。

　　移动互联网时代对销售模式创新的挑战，就是从深度分销、人海战术的大前端、小后台，走向线上线下互动、随时随地销售的大后台、小前端，即本书提出的"隐销"模式。

　　"隐销"这个概念传神地代表着移动互联网时代的销售特点：看不见的

销售,365×24 小时永不停息的销售,不需要大喊大叫(广告驱动如宝洁),也不需要庞大销售队伍(执行力驱动如安利)的顾客滚雪球,如今终于变成了可能。不懂隐销的企业,很可能在睡梦里就被消灭。

微博、微信都是接触顾客的新媒体,也是新销售渠道,这一点已毋庸置疑。无论腾讯多么想控制微信的营销化,微信电商化都是大势所趋。

微信电商化(或 IM 通信工具的电商化),不是简单的微信商城(或微店等各类新形态),而是涵盖从简单的小插件到管理系统,如微信端的图文混编器、潜在客户(Leads)管理、营销自动化(MA)、跨平台的网店内容管理(UGC)、跨媒体内容与粉丝管理(CRM)、无须编程的手机电商网站或 App 制作(App Creator),包括不同行业的解决方案与定制化工具等。

这是一个全新的时代。企业家、创业者可以错过机会、工具,但不能错过时代。

本书就是进入这个新时代的引路者。

第二章　品　牌　无　魂

品牌的商业本质

品牌的商业本质

在中国市场发展的30多年中,中国营销界对品牌的争论从来就没有停止过。

处于最早的消费品产业复兴阶段的品牌,诸如太阳神、秦池、TCL、海尔、荣事达、三株等,媒体驱动的力量非常明显,央视标王品牌成为那个时代的象征,形成品牌形象论、品牌媒体论,成为主导品牌观念的主要思想。

第二阶段,以《销售与市场》杂志为阵地,刘春雄、金焕民等一批本土营销专家,提出销量与品牌大讨论,明确提出要销量不要品牌的观点,引起营销界不同观点的激烈碰撞。以至于到今天,依然有人批判"要销量不要品牌是鼠目寸光的品牌观"。

最近十年风行营销界的定位论与品类论,似有将品牌观引入玄学化的境地:王老吉的百亿品牌靠定位,真功夫、香飘飘等一批品牌的成功被归功于品类战略,还有炒冷饭之嫌的"视觉锤"。

品牌究竟是什么?各路大师越说越玄妙,读者越看越糊涂。

品牌的问题,确实不是两三句话可以说清楚,但有几条底线,是《产品炼金术》里阐述过,也是经得起推敲的品牌真经:品牌价值＝产品的剩余价值。

这个定义有三层意思:

1. 品牌离不开产品：没有产品销量,品牌等于零;产品销量下滑,品牌也就恐龙化。

2. 品牌价值不等于产品销量：品牌价值是产品销售之外的另一种客观存在,即符号认知价值。品牌价值的大小,是由产品销售规模决定,却又超越销量的商业红利。

3. 品牌是时间的玫瑰：品牌不仅需要持续性产品销量的支撑,品牌符号本身的管理也要与时俱进,不同年代的审美风格都不相同,品牌符号要与主流审美或目标顾客的小众审美品位保持同步。

品牌不是为了好看,也不能追求没有含金量的知名度,上述界定,是确定品牌商业价值的本质。由此观之,很多品牌观念,其实是伪概念,如命名决定价值、视觉锤等;很多争论,其实是盲人摸象,各执一端,无限放大效能,如定位、品类、广告语等。

把握品牌的商业本质,先做对,才能将品牌越做越好。否则,出发点就错了偏了,产品很容易变成流星,企业甚至会夭折,还谈何品牌?

品牌灵魂是何物?

为什么我们说品牌"无魂"呢?

很简单,就是因为在缺乏对品牌商业本质把握情况下,中国本土品牌确实都走入"品牌误区",形象地说,就是品牌都失去了灵魂。

让我们看看本土最知名,甚至是最高价值的品牌是如何无魂的吧：

白酒里的茅五剑(茅台、五粮液、剑南春)：除了历史、工艺、获奖等一大堆堆砌的说辞之外,还有什么呢? 这些品牌费尽心机挖掘的酒历史、酒博物馆,与消费者的生活、精神有什么关系呢? 确实,他们的品质是最好的,但品牌的灵魂是什么呢? 这些品牌自己也说不清楚,更别说消费者,这从一个侧面反映了,茅五剑走出中国,外国消费者几乎不能感受到这些品牌究竟是什么? 反观波尔多的葡萄酒、日本的清酒,都走上了国际化的道路。

这当然有中国经济落后的原因,但可以断言,如果这些优秀的白酒品牌,依然按照在中国市场的这种品牌运营思路,不要说国际化,本土市场的

17

地位也未必不会被超越。洋河蓝色经典、红花郎，甚至口子窖、古井贡、迎驾贡、稻花香、老村长等一大批二线低价位品牌，也在迅速崛起。

手机里的小米，用一句"为发烧而生"，将 IT 圈及电子产品"迷"们吸引过来。发烧这个概念的价值，非 IT、音响界以外的人，还真是低估了这帮"发烧友"们对品牌的热情。在中国销量卖到前三位的几代手机品牌，摩托罗拉、诺基亚、波导、华为、HTC 等，这些品牌的精神究竟是什么，几乎没有人知道。

是的，品牌的灵魂是一种精神，一种文化，具象化会表现为一种视觉风格，一种生活品位、生活方式。

从小众品牌（哈雷、ZIPPO、Kappa）到大众品牌（耐克、星巴克、可口可乐），从家庭品牌（宝洁、联合利华旗下产品品牌等）到时尚品牌（LV、Channel），这些品牌都在反映其目标顾客的生活方式、生活品位、文化精神（或趣味）。

这不是崇洋媚外，而是客观差距，中国的品牌，90％缺乏品牌灵魂！原因就是：各种背离品牌商业本质与科学成长路径的奇谈怪论，催生了投机取巧的品牌急躁症，以至顾此失彼，花费了巨额广告费，最后品牌依然是一个无魂的空壳。

以蒙牛、伊利、光明三大乳业品牌来说，2011 年，三大乳企广告投入全年合计达到 69.16 亿元，日均约 1 900 万元，占销售额（866.28 亿元）的7.98％。如此巨额的广告费，究竟培养出了什么品牌认知呢？ 三巨头宣称巨额广告费是为了提振被三聚氰胺打击的消费者对中国乳品品牌的信心，他们做到了吗？

且不说，这么大的广告费是否真的是竞争需要，需要这些品牌反思的是，你真的读懂消费者了吗？ 或者消费者的信心与偏好，真的通过广告可以建立吗？

乳品消费的现实，击碎了乳企作为的合理性：在婴儿奶粉市场，70％的市场份额，被洋品牌占据，香港买奶粉、海外代购，甚至酿成了社群纠纷。

本土企业该醒醒了：再玩品牌形象（视觉锤）、天价代言人、巨额广告轰炸的路数，真的会死无葬身之地。随手举几个喧嚣而过的流星及触礁的领先品牌：霸王、李宁、汉王。

品牌不能再这么玩了。

品牌化方法要更新

品牌化（Branding），是一种为产品赋予品牌形象及内涵的专业方法，是产品商品化的一个重要步骤，但是品牌化工具的用法，在新的条件下，需要更新"升级"（Upgrade）这个工具的使用思维。

以小见大：这种命名工具错在哪？

我们有一位朋友，他是从一个外资的大牌设计公司出来的，他曾经很困惑一件事情，他在那个大牌的设计公司受过严格的训练，每一个步骤都有各类工具可供其开展工作，但是他发现有时候实际效果并不太好。

他给客户做设计通常也需要帮客户起品牌名，他用的起名工具是如下的三部曲：

第一步：检视品牌命名原则

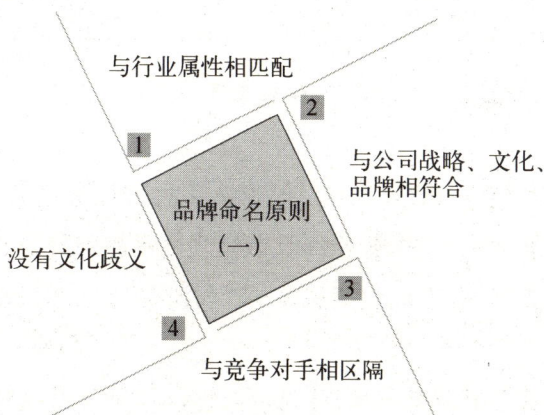

与行业属性相匹配

1

与公司战略、文化、
品牌相符合
2

品牌命名原则
（一）

没有文化歧义

4

3

与竞争对手相区隔

①
➤ 可记忆性
•容易识别
•容易回想

红豆（相思、文化独有）

➤ 有含义性
•描述性
•说服性

④ 宝马（速度、高贵）

品牌命名原则（二）

➤ 可适应性 ②
•灵活
•可更新

狗不理、Ｓｏｎｙ

Lenovo（Legend）
➤ 可保护性
•法律角度
•竞争角度 ③

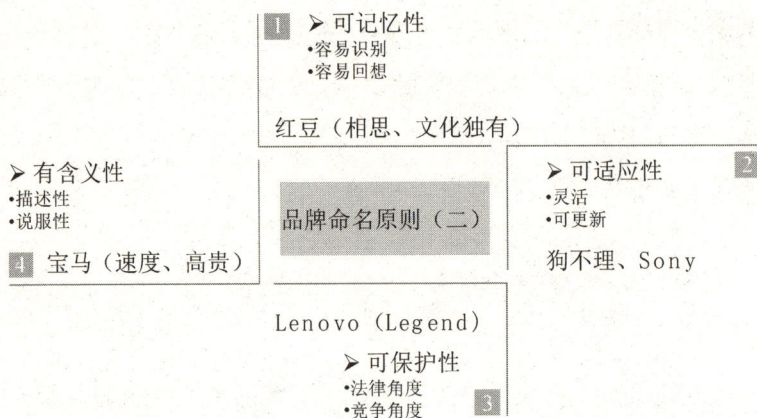

第二步：加入一些具体的考虑因素

这一步需要结合客户的具体情况，比如需要考虑的因素有：目标市场策略、产品消费感受、产品情感形象、产品形式、观念定位、描述性与独立随意性的选择策略、当地化与全球化的选择策略……

第三步：列出品牌联想词汇，在这些词汇中做出组合和选择

比如，一个实际案例中他选择的词汇如下：

品质	美、瑞、嘉、精、佳、好、冠、优、卓、臻、宝、美、尚、品、萃、粹、臻
责任	安、源、永、信、昊、诺、元、泰、恒、正、朴、淳
健康	泰、明、喜、强、健、吉、朗、悦、乐、沛、怡、康、鸿
真诚	馨、爱、和、诚、真

最后，挑出一个组合做品牌名，比如萃优。

……

当每次都遇到客户执行困难后，他开始反思，是不是哪里出了问题。后来，他说他终于明白了，他的模型中，比较重视的是品牌带来的美好联想，而客户都是小型客户，推广经费很稀缺，如今消费者也越来越难以给予其关注。

所以，品牌命名要调整方向，凸显话题性，最好可以具象化、视觉化、口语化，以降低传播中的阻力，比如"小米手机"、"大象避孕套"、"三只松鼠"坚

20

果……这些方向更适合他的客户。

其实,命名忌用生冷词是传播的基本要求,但大企业通常有较大的传播预算,可以通过广告的轰炸让"高大上"、文化味的品名被记住,如润妍、力美健、雅诗兰黛等。缺乏较多传播预算,这类文雅命名,都难有好效果。

环境变化了,套路要变,因为老方向已经偏离了实际环境。不仅仅是这种小工具,有关"品牌"的整体理论和套路,都面临环境变化的冲击。

空壳品牌,时代的产物

如果把各位读者经手和创造过的品牌剥离开,"中国的品牌,90%都是空壳品牌"这个结论应该比较容易被接受。

我们提及的中国品牌,是指在市场上有地位的品牌,通常是行业中的一线品牌,中国驰名商标等。在这些品牌中,90%是空壳品牌,可分为三种类型:

第一类是知名度高的品牌。中国各行业都有规模大的企业,这些企业中,有的依靠洗脑式广告,有的依靠巨大的销量,拥有非常高的知名度,这些品牌曾经是品牌论者批判的对象。比如脑白金、恒源祥之类的品牌。

第二类是有"品牌内核"的品牌。这些品牌也一定是行业中的强者,同时这些品牌都花费过巨资,请过很多"品牌专家"、"国际品牌管家"们进行过加工和包装的品牌。当一名消费者经过一次恶意扣费后,他只会觉得那个"沟通从心开始"的品牌很虚伪。我本人也在用过一次联想手机和电脑后,对这个品牌敬而远之。

第三类是似乎有"品牌魅力"的品牌。洋品牌奢侈品、五星级宾馆、高端会所、"茅五剑、洋泸郎"等,在2003—2013年经济增长的黄金十年里,都博得销量、利润、眼球三丰收。反腐风暴一起,送礼消费大潮退去,很多品牌成为伪魅力的裸泳者,甚或难保以后不会变成负魅力成为反面教材,如按克重价格计算比黄金还贵的滋补品"极草"(冬虫夏草)含片。

只有知名度,只有品牌化妆术,只有强需求下的负能量……这就是我们提出的空壳品牌概念的缘由。

为什么恰恰是行业领军企业搞出了"空壳品牌"，而且是大面积的、普遍的现象？

不是将责任推给时代，但确实都是时代的产物。中国 20 年营销史的最大时代特征，就是拥有巨大的两大红利：人口红利，需求红利。

面对巨量的规模与巨大的需求，营销有时确实可以用三板斧简单解决：就像千军万马过独木桥，跑得最快而不是体能最好的可以先过河，用营销术语说，能解决从竞争环境里跳出来，并非产品优秀就是最有用的营销。

当消费者普遍无法区分品质好坏时，敢于投入的企业被当成有实力的企业，而有实力暗示着产品更有保障，这种企业一定会胜出，所以成就了太阳神口服液、爱多 DVD 的神话。以至于，一段时间，敢到央视黄金时段下赌注的，可以有每天"开进一辆桑塔纳，开出一辆奥迪"（秦池酒）的神奇效果。

于是，雅客 V9、奇客饼干、蓝田莲藕汁、K 可商务饮料、网络饭饭、飞儿馍片，一大堆"时潮"（速起速落）新品牌，到广告哈哈镜下膨胀了一下，迅速地消失了。

有人还将这种"大明星、央视广告、产品概念"的三板斧总结为"快速提升销量与品牌的经验"。其实，这种方式获得的销量是泡沫销量，是毒药。提升品牌？对不起，靠三板斧轰出的知名度，谈不上品牌，只是一个品名。

随着时间的推移，产品存在短板的企业神话破灭，产品能过得过去的企业依然领先行业。再后来，行业中只剩下几个知名度高的企业品牌的时候，就开始比拼品牌形象，但是如同作文比赛般搞出来的品牌形象显然仅限于传播类的载体，品牌和产品是两张皮，最终没有收获实质性的回报——各行业中的知名品牌中，活得最好的最终还是产品控制最好的品牌，"真诚到永远"的海尔空调越来越输给"品质口碑好"的格力空调……

2012 年，我们去过内蒙古的一个城市，当地人告诉我们，只要读了初中的蒙古人都叫文化人，都可以有个小官可以做做，而在内地考公务员已经难于上青天，研究生也未必考得上。我们不禁感叹：时势造英雄啊！

品牌亦是如此，请记住 20 年来的美好时代：大量的需求红利、大量的无法辨析产品品质的消费者。这个时代，已经渐行渐远。"品牌"，从理论到实践,都会发生方向性的改变。

魅力产品创造"刚需"

新的时代,最根本的变化是消费者该有的东西都有了,在各行业中胜出的一线企业都感到市场疲软。唯一的例外是产业出现魅力型产品,凡是出现魅力型产品的产业,需求如火山一样爆发,于是很多企业开始思考,这是怎么回事?

谷底就是风口,魅力产品必然横行

如果企业家能把自己抽出来看行业,会发现魅力产品创造刚需并不是偶发现象,魅力产品是行业的必然方向。

当手机业的老板们一致性头痛时,当老板们看到连山寨机厂家都大规模死亡时,他们发出的是"行业谷底,寸草不生"的感叹。然而同一时期,一个外行却发出了"这就是风口"的兴奋之辞,用了三年的时间,赚得盆满钵满。雷军自谦为猪,可是不小心得罪了一帮大佬,猪真的上天了,那些感叹行业冬天的人还不如猪?

我们把时间倒回到 20 年前,那个时代,还是国营企业的天下,他们惯性地认为,产品就要像苏联产品一样质量好,耐用。结果,当年的草根创业者们,在简易的家庭工厂做出了花色、款式更好的产品,打败了这些拥有市场、设备、人才的国企巨头的明星产品——凤凰自行车、上海手表、回力运动鞋。

我们不用再兴奋地讨论苹果公司的 iPhone、iPAD,谷歌公司的谷歌眼镜,也不用再讨论中国市场上的乐视超级电视、小米手机、褚橙、黄太吉烧饼、雕爷牛腩……这些产品"突然横行"的故事,不就是 20 年前故事的翻版?

推出魅力型产品,谷底就会变成风口。

从 2008 年金融风暴开始,底特律据说已经变成了死城,全世界都在认为美国汽车产业走到了成熟晚期,甚至尽头。2012 年,特斯拉(Tesla)来了,就像是猴子请来的救兵,全世界的汽车迷们立即找到了换车的理由。这家创立于 2003 年，2013 年只生产了 20 000 辆 Model - S 汽车的公司，市值超过 100 亿美元。

特斯拉有什么神奇魅力？这是一辆没有发动机、不需要加油、没有变速箱、没有物理键的"神汽车"：Model - S 纯电动汽车。

在特斯拉建立的超级充电站里免费获得，每小时充电量可以行使 480 公里。电动机可以提供 422 马力的最大功率，600 N·m 的峰值扭矩，让 Model S 的百公里加速达到 4.4 秒，0—400 米加速也只需 13.2 秒。公司声称，他们正在研发的 Model - X 充满电只需要 5 分钟，0—96 公里/小时加速时间为 5 秒内。

特斯拉是全球第一辆物联网汽车，所有的行车信息以及控制系统都整合在超大尺寸的 17 英寸触碰屏幕上，汽车的操控可以通过手机完成。

特斯拉从内到外，都是个外星人。福特、通用、凯迪拉克、丰田、奔驰、宝马、标致、玛莎拉蒂，等等仰之弥高的品牌都集体爆弱，消费者眼里只有特斯拉！

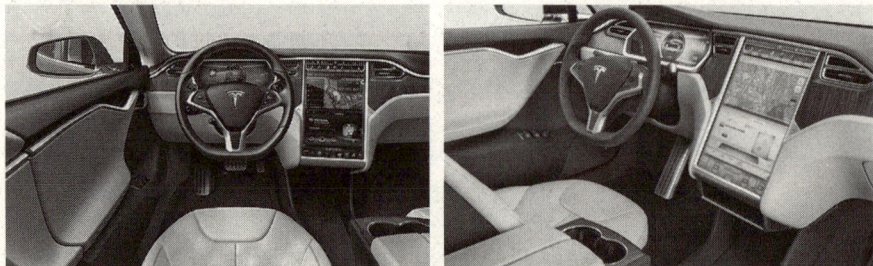

在特斯拉这个超级魅力产品面前,所谓品牌的力量,究竟有几分? 所谓的行业领导,成熟品牌,都不再有任何品牌"原教旨主义"宣称的"抗击竞争"的防火墙效用。

忘记成熟这个词吧! 有魅力的产品,叫什么名字,都是品牌。

顺便透露一下魅力产品创造刚需的社会学秘密: 现在全世界,包括中国的消费者都不差钱。

30 年前,美女难免被村干部、车间主任揩油;20 年前,美女容易被小混混糟蹋;最近 10 年,看坐在宝马车里哭的美女容易,看坐在自行车后面笑的美女很难了。现在的美女很容易找到排队送宝马的追求者,没人在意美女的出身。

在魅力产品面前,无论品牌名称是什么,是什么价格,都不是顾客考虑的因素。不是过去"美玉韫来休问价",而是来不及问价! 为什么? 你还在问价,别人已经"芳枝攀去正无尘"。这就是今天的市场现实。

魅力品牌: 隐身

魅力产品时代,品牌怎么建立? 品牌以何种形态出现?

中国的营销界,大多数人把品牌搞成了一套视觉化的东西,主要是视觉系统和广告,具体而言就是工厂外墙颜色、工人服装、带 logo 的办公用品、产品包装、产品陈列道具、名片、画册、平面广告、电视广告……这些通常是"品牌"的领地。

专业点的说辞是品牌载体多集中于视觉元素,而且很多是为了展现品牌而搞出来的"多余"元素(VIS 视觉识别系统里的大多数元素,只有 10% 是经常使用的,有 50% 根本就没有使用过)。

魅力产品时代,首先改的是品牌载体,要让消费者看不到明确的品牌载体而感受到品牌。这个说法并不玄妙,只要企业在原来固有的要素上展现品牌就可以——品牌载体是产品本身,品牌载体是企业家,品牌载体是制造者,品牌载体是产品的消费者。

假定一名消费者没有见过小米的任何广告、VI 类的东西,当他抢到一台小米手机时，当他听到雷军的新言论时，当他听说一台小米背后的一群制造者的故事时，当他听到周围的朋友在谈论时，他接收到的，都是精心设计过的信息，而这些品牌载体，是有意避开传统的载体（广告等），特意挑选的"普通"载体。对于消费者来说，品牌隐身了。

品牌隐身，还有另外一层意义。4A公司习惯于使用名曰"品牌拟人化"的方法，即塑造一个"拟人化的品牌"。比如，试图让消费者一提及品牌，就能联想到一个拟人的形象：关爱的父亲、严谨的学者、慈祥的妈妈，或者充满活力的白领，诸如此类。

在魅力产品时代，消费者管你什么形象，他要的是品牌去衬托他，而非去仰视和了解一个品牌！那么，企业还要搞一个统一的拟人形象干什么？不如成为消费者身边的空气，让消费者把自己装进去。

实在地说，2013年的新锐产品黄太吉煎饼、马佳佳情趣用品，用两位90后老板做代言人，前途恐怕未必很妙。这两个互联网新锐的品牌塑造路线，其实很传统。今天他们靠新锐的姿态代言90后，难保哪一天，90后不再需要谁去代言；又或者，两位代言人的个人生活出现如大V薛蛮子之类的"绯闻"，品牌一夜之间灰飞烟灭……

品牌魅力：实现高阶功能

上面我们谈及品牌载体的变化，还有一个问题，品牌魅力有多大？从何而来？

前20年，品牌之所以空心化，根本原因就是品牌偏离商业价值，品牌和产品两张皮。在魅力时代，品牌可以依托产品让消费者体验，但是能不能逆转从属关系，让品牌指导产品？也就是传说中的品牌的部分高阶功能、"溢价能力"？品牌是具有魅力的，产品是其表现形式？

品牌赋予产品魅力不仅真的可以有，而且是品牌的秘密所在。我们在《产品炼金术》里阐述过品牌"外向赋值"的思想，即品牌的价值，不在产品、企业内部，而需要在外部世界里寻找已经存在的自然、人文、文化、情感的表现形式，让品牌与外部价值关联，通过一定时间，形成固定品牌联想。如雪花纯生啤酒与中国古建筑的关联等。

魅力型商品都是非生活必需品，即使产品原有类别是必需品，也会被魅力型商品改造成非必需品。这个时候，天然需要文化魅力赋予产品价值。又恰逢消费者物资富饶，精神荒芜的时代，魅力品牌成为图腾和文化符号就是一种大势所趋。

比如一条牛仔裤，目前的做法是做好细分人群的贴心功能和设计，然后编一些品牌故事，借道高端商场做品级背书，其实卖的是款型和风格。用这个理念来贯穿产品设计，得到消费者共鸣，这就是文化图腾。

西方的强势品牌，当年起家之时，无一例外的革新过行业理念或消费理念。中国的企业，也会在这一点上成功。

从品牌无魂到文化图腾，就是魅力品牌需要走过的路程。

魅力产品炼成记：褚橙为什么这样红？

2013 年下半年，一个橙子成为消费热点：褚橙，人们称它为"励志橙"。褚橙，无疑是本土农产品品牌化运营的一个成功典范，是一个被灌注了独特精神、具备独特品质的好产品。

我们对褚橙成功的解析，揭示魅力产品与系统化市场运营的关系（再次强调，本书所谓的"魅力产品"绝不是指产品本身），也向褚老致敬，向本土品牌化运营的创新者致敬。

人生总有起落 精神终可传承
褚时健
他赋予橙子的，不仅是一个称呼，
冠过大起大落的一生，
褚老如同一座历久宝藏，
"褚橙"，便是能显献给世人的冰山一角

品牌化手法

大品类，小品牌；大产地，小企业。这两大现象，是中国农产品多年未解的结。以至于除了走产地或品类垄断的路，就没有办法打出农产品品牌；如凤山铁观音、赣南脐橙等，都是借助政府、资本等力量试图垄断品类或产地资源——这条路已经证明，并不顺利，也没有摆脱大宗品类贸易的老路。

褚时健为十年培育辛苦养成的甜橙命名为云冠橙，但是，从 2012—2013 年的市场现实看，如果没有本来生活的褚橙营销，即使有褚时健做背书，云冠橙的风靡度，也不会是现在的势头。

褚橙现象，扭转了品类、产地对品牌的束缚，可以说，褚橙的最大启示就在于，提示了农产品营销的第一张入场券，不是政府，也不是垄断，而是品牌化。

这个品牌化，不仅是命名、设计、视觉，还包括品牌内涵、产品内涵、营销推广、媒体造势等一系列手法，这些都是消费品营销里"品牌化"（Branding）的基本内涵。

没有品牌化的产品，就不能真正地消费品化，也就是说，产品的消费者编码系统没有完成，这样的产品在市场里很难有大的起色。

销售渠道的创新

本土农产品的第二个短板是销售渠道。过去的农产品之所以难以做出品牌，与销售渠道掌握在批发商手里有直接关系。当水果批发商成为生产者大宗货量的出口的时候，从零售价到成本之间的毛利，大部分必须被批发商（通常还不止一层）与零售商占有，生产者只能变成"卖炭翁"，能不被市场价格波动搞到亏损，就已经万幸，哪里有利润去支持做品牌？即使注册一个商标，也不过是个品名而已。

褚橙是典型的电商玩法，或者用时髦的词，小米玩法：不需要开发任何实体经销商、终端零售点，所有销售在网上完成。快递取代了经销商，支付宝（网上支付）代替了零售终端（收款），网络传播代替了媒体广告。网购一族，是褚橙的买主。如果没有网购消费者及已经成熟的电商系统，褚橙、小米的神话都是不可想象的。

精明的定价策略

渠道结构与渠道成员的权力格局，决定产品的定价权。褚橙的定价，是在上述品牌化、渠道革命的背景下，才有可能发生的事情。

与小米不同，褚橙走的是高溢价的撇脂定价路线，而不是小米（包括乐视等）的超低价超值定价策略。也就是说，尽管从渠道上，褚橙实际上降低了传统渠道成本，但是，褚橙并没有走低定价路线，因为对于农产品来说，低价格意味着低价值，反而不能让消费者产生购买冲动，这与消费电子产品的"极致"特性正好相反。

本来生活团队充分把握了优质农产品的消费心理，做出了高溢价的定价，先树立产品价值，再采用折扣促销驱动销量。按照褚橙最大的折扣零售价，比市场上的传统优质甜橙高 30%—50%，褚橙比云冠橙的价格，大致高出 20%左右，这是优质产品对标普通产品时，高品牌对标低品牌时，顾客心理能够承受的溢价幅度。

有网友很俏皮地说，褚橙与云冠橙的关系是，褚橙是褚老种的，云冠橙是老褚种的。其实，无论消费者知不知道褚橙与云冠橙是一个人、一个果园种植的，消费者不会认为褚橙比云冠橙贵有什么不可接受：这就是品牌区隔，品牌建立心智认知，品牌超越竞争的价值所在。

褚橙价格很离谱吗？如果看看新奇士的价格，就会发现褚橙只有新奇士价格的一半还多。中国比褚橙更有特色、价格更高的橙子也还有很多，如赣南脐橙/血橙、资中塔罗科血橙、秭归血橙等，零食折扣价格与褚橙基本相同。

说褚橙的价格是土豪，其实并不公允：新奇士的价格国人没有感觉（当然吃的人也是塔尖消费者），为褚橙这类中国优质农产品价格表现惊诧，是不是有中国百年文化自贬造成的"宁与洋人、不与家奴"心态的阴影？

包装的用心与品质化

高定价的支撑点是什么？除了品牌化元素，产品包装实际比产品本身具有优先性。对于首次购买的消费者来说，不是先尝后买，只能凭包装等判断产品的价值。

褚橙的包装，沿用了高品质电商的通常做法，用两层外包装、内隔断等，体现了对产品的保护，这与大多数农产品随意扎捆、封条五花大绑、用低档次蛇皮袋密封的做法，两者的消费者体验截然不同。这其实不是什么创新，可是传统农产品企业，一边高喊自己的产品最好吃、世界最好，但是将产品送到消费者面前时，却是漫不经心的外包装，让谁去相信你的产品是高品质？

包装绝不是要高档，而是要体现你对产品的尊重，这是对顾客的尊重。先敬罗衣后敬人，这个"敬"字，比货卖一张皮的"皮"字，可大有讲究。如果做消费品连这个问题都搞不清楚，也就很难成功了。

产品概念化

《产品炼金术》中指出，产品概念化≠产品概念。

任何产品都会有某个概念。这个概念即使不经过智造、策划，甚至企业不去宣传都会存在。消费者会自动地将企业产品与同类产品进行"概念连接"，这个被连接上去的产品概念，就是通用的——严格地说是被品类领导品牌定义的——品类概念。就是说，如果企业没有提出一个超越品类概念的产品概念，那么这个产品就会滑落到一个惯例的"品类概念"之中——在这里，品类概念成为弱势产品的坟墓。

产品概念化则是产品与概念融为一体，即产品成为概念的符号，产品与概念代表的内涵完全重合。如 LV 是奢侈皮包的符号，蒂凡尼（Tiffany&Co）是顶级求婚戒指（珠宝）的符号，这些品牌（及其产品）代表的就是其诉求的概念内涵，这种概念化让产品从同质化的漩涡中超脱出来。

任何品类里都可以出现一骑绝尘式的概念化产品：水晶里的施华洛世奇（Swarovski），猕猴桃里的佳沛奇异果（Zespi），奶糖里的阿尔卑斯、大白兔，豆豉辣酱里的老干妈，饮料里的椰树椰汁，等等。上述产品都变成该品类里独特的、无人可及的"符号"，声称与上述品牌同类的产品千千万，但动摇不了消费者对这些产品（品牌）形成的概念化认知。

本来生活给云冠橙创造了一个时代符号：励志。而且充分将褚时健传奇人生的个人经历、性格，融入这个概念之中，让褚橙这个符号里，不仅有心血,品质,而且有励志,创业,老骥伏枥,自强不息的精神,这就为褚橙赋予了足够的内涵,赚得了足够的同情。销售、定价,在这种概念化下,变得不再是问题——冲破高价格拦路虎的,必须是情感、心理层面的更高级驱动力。

要明白,产品概念化,是让产品与代表符号融为一体,消费者将对符号的认知、情感转移到了产品(品牌)之上,因此会对产品、品牌有了感觉。而通常的产品概念,只是企业在说很多优点、优势、传统、传奇,却没有任何"符号"附体,所以消费者对企业宣传所说的优点,不会有感觉,更别说有移情、驱动购买的效果。

产品特点带来回头客与粉丝

不喜欢褚橙的,认为褚橙就是云冠橙,而吃过褚橙与云冠橙的人,大部分认为褚橙与云冠橙有差别。这不仅是个人感觉的问题,其中有重要的营销内涵,准确地说,是一个重大的对产品的认知误区。

在《产品炼金术》"静销力"一节里,我做出如下阐述:本质上,没有任何两个产品是相同的,可为什么产品同质化却是企业躲不开的梦魇?很多人没有去深思产品同质化的根源。

真正的原因是:当在品类市场里,已经至少有了一个强势的、领先的,甚至领导的产品,顾客总是将所有的新企业/品牌的产品与领导企业产品相比,才会得出产品同质化的感受与结论。

产品同质化,是因为无法超越领导企业产品的惯性认知。就是说,所有被称为同质化产品的企业,是因为没有找到自己产品与领导产品有差异的优点,让产品在从工厂制造出来的那一刻,就被贴上了"同质化"的标签!

所以,不要再去纠结所谓褚橙与云冠橙是褚老与老褚种的橙,同一个果园,产品也是有区别的,这是农产品的基本常识,就像波尔多葡萄酒的差别就是葡萄年份收成的不同一样。同质化产品是企业(或品牌商)无能的表现,消费者的心智里从来没有所谓的同质化产品,只有比他心目里的标杆产品更差的产品。

消费者不会在乎褚橙比云冠橙价格高出 20%—30%,而且会主动发现两者有差异的更多"证据"，会比企业策划人想到的更多——这就是消费者，做产品营销要是这个也想不明白，就算给你金蛋也是卖成臭鸡蛋。

难以复制的传播模式

褚橙的传播，很成功，其实没有多少新意。原因在于褚橙的宿主褚时健的人格魅力及其在商界大佬（王石、柳传志等）、商界媒体如《中国企业家》、《创业家》等中得到的充分同情与免费支持。这个传播路径，显然没有普遍的营销价值。

像褚时健这样有"德"的大佬前辈，30年才只一个，即使牟其中、唐万新等比褚时健更有知名度，也没有褚时健十年专注种橙体现的德性势能。

正是在褚橙最成功的传播上，要提醒试图复制褚橙路径的农产品企业，要认识到褚橙传播成功的偶然因素与低成本的原因——这些恰恰是其他大佬、名人代言无法具备的。简单地说，褚橙的传播成功是不可复制的，柳桃、潘苹果都不能复制，其他的后继者，就更不能。

褚橙是个好榜样。云冠橙本身的产品特点，在被赋予褚老的精神之后，引发了巨大的社会情感卷入，迅速让褚橙供不应求。这是产品魅力化、赋予品牌灵魂的一次大胆而成功的尝试。

祝愿褚橙、云冠橙品牌，能够走得更稳、更远。为本土产品喝彩、为中国企业加油，是我们咨询实践与专业著述的一贯心愿。

第三章　产　业　无　疆

产业，熟悉的陌生人

2013 年关于产业的话题并不少，很多身边的朋友都在经历产业变化带来的痛苦，我们经过大量的实证研究，发现主要有三大行业面临冲击。

行业，需求反向萎缩

比春节火车票要难抢 100 倍的职务是什么？公务员。2013 年国家公务员考试，招考人数达 20 839 人，报名人数接近 200 万，招录比例或达 90：1，火车票的缺口不超过 10%，而公务员职务的缺口是多少？……

一位朋友就是当年这种 90 选 1 的游戏中的获胜者，自从鲤鱼跳龙门后，一直风光无限，可是 2013 年他闷闷不乐：上班时间变多了，收入变少了，工作作风稽查的次数变多了，好烟好酒变少了，更为可怕的是听说要合并系统，两个局变一个局，相应的职员总人数也可能下降……

我们以局外人的眼光比较能看清楚他的问题——行业需求逆转。

10 余年以来，公职人员的数量都是在上升的，也就是说，无论是何种原因引发，以往的 10 余年中，对公务员的需求是持续上升的。然而任何朝代，终有一日，"吃皇粮"的人数会膨胀到财政收入负担不起的时候，从而危及到了社稷根本，这个时候，就是各类"变革"的启动点，目标就是给体制瘦身，俗称裁员，只是名词和形式和企业不一样而已。于是，这位朋友的处境和担心就不难理解了。

把镜头切换回我们熟悉的各行各业,是否面临同样的处境?

高端餐饮业,是否需求逆转? 湘鄂情巨亏、关店、转型,全聚德、狗不理降价,多少高档餐厅没有熬到 2013 年的年末? 中国烹饪协会 2014 年 2 月 8 日发布报告显示,高端餐饮(指年营业额 200 万元以上)收入近年来首次出现负增长,同比下降 1.8%。

与此同时,庆丰包子却着实火了起来。2013 年全国餐饮收入 25 392 亿元,增幅创 21 年来最低值,但同比仍增长 9%。2014 年春节后,羊肉泡馍又火了。按照这个节奏,大众餐饮逆袭高端餐饮的浪潮,将爱如潮水般不断涌现……

让人欢喜让人忧的房地产业呢? 长沙的朋友说今年的推盘压力巨大,除了知名企业的楼盘外,一些小的开发商推出的楼盘销售压力很大,对外号称的热销只是故事而已……

外销型的中国制造呢? 2013 年日元对美元贬值接近 50%,人民币对美元升值 5%,日本在东南亚国家投资的企业抢走了大量的订单,东南亚不仅成本低,且出口无门槛又无反倾销,很多行业外贸企业的订单流失速度超过了 2008 年……

行业,昨日还是一个美丽的旗袍美女,怎么突然变成了"龅牙珍"?

行业,需求迁徙

2013 年年中,江西国资委的一名主任给我们讲述了一个曾经伟大企业的故事。

这个企业曾经是江西的骄傲,上千人的企业。他们在感光照相时代是风光无限的,他们制作镜头,有独特的技术,9 次打磨,N 道独有工艺,当年的产品能媲美德国卡尔蔡司的产品。国资委的领导经常带领上级领导参观这家企业,然而在前不久这家企业完成了大量员工的下岗安置工作。主任说:"还有一点部队的订单维持,基本上玩完了","这就是照相从感光时代到数码时代的变化,不是他们的产品不好,是市场不需要了,我们不关心柯达倒下,但是这家企业倒下了,我们很心痛"。

需求迁徙最明显、最集中地出现在食品行业，特别是礼品化的食品。

2013 年底，一家小企业找到我们，跟我们诉苦："我们当地盛产莲藕，我们公司的藕粉和铁罐装的排骨藕汤都是当地有名的土特产，以前各单位都用我们的产品送礼，今年突然被一家私人企业给冲击了，他们出一种五香牛肉，吃过的人都想再吃，单位都开始送他们的牛肉，不再送我们这种有上百年传统的土特产了……"

高端食品，礼品行业，需求的迁徙可能是更具有普世意义的事情。往年不愁卖的血燕、古树普洱、高端白酒是不是都在降价？不断传出某某大经销商因库存过多而损失过千万的江湖故事？这些产品都是依托庞大的"商政市场"，而在反腐的背景下，这些商品如果不找到新的需求，恐怕辉煌只能成为回忆。很多养殖鲍鱼的朋友准备积极转型，开发微波食品，面向白领午餐市场……但是如何成功转型，可能需要更好的方法。

产业，昨日还流行模拟机，一年之内就全面流行智能手机，这种震荡出现在手机业时，大家当做酒桌上的谈资；现在这种震荡直接出现在自己从事的产业，怎么应对？

行业，利润遭到破坏

2013 年，一位朋友在酒桌上的语言让全桌的营销人士集体沉默："营销救不了传统书店"。传统书店，无论其拥有何种品牌，比如新华书店，亏。无论其如何定位，比如专做广告书籍的龙媒书店，亏。……如今再铁再文艺的读书青年，也都习惯到书店找书，到网络下单，网络书店大幅破坏了这一行业的利润，整个行业的人士请过无数的战略顾问、营销专家都没有能阻挡其衰落的脚步……

手机业，自从小米这个外行成功后，手机行业的利润就开始坍塌，无数企业出局，中兴华为的手机业务巨亏……

2013 年末，一名珠宝行业的事业部老总在电话中与我们聊天，他们用 5年时间占领了全国一线百货公司，营业额做到了近 2 亿元，我们说这种模式难成易毁，如果刘思思、杨幂这样的明星用"庚 phone"的方式推出结婚钻戒品牌，如果其采用同钻石小鸟一样的加价率，它一年就可以做到 5 亿—15 亿的规模，最终利润会比你们高……电话那头一阵沉默。

产业，怎么突然从黑土地变成了沙漠？

产业，正在以这三种方式，让各行各业的人士感叹：这还是做了 20 多年熟悉的产业吗？

营销 4P 不再是解决问题的层级

从广州到北京，你会选择自行车做交通工具吗？

层级，在生活中无所不在，但是，"百姓日用而不知"。

如果需要从广州出差到北京，您会选择何种交通工具呢？ 步行、自行车、火车，还是飞机？ 在这个情景中，交通工具是有层级的，如果选择层级不对，等你花了巨大的努力，克服种种困难，终于骑自行车到北京时，商机早已被坐飞机的人拿走了。

这并不是一个笑话，我们的商界中，存在很多问题，大家认为其解决工具只有一个层级，也就是只有自行车这个层级，每每遇到问题，就会寻找更好更快的自行车，而根本不知道有火车、飞机的存在。

天变了，4P 还能管用吗？

行业就是企业的"天"，"天"都变了，农田都快变鱼池了，还天天研究怎么种粮食吗？

目前很多产业受到上一节中提及的三大冲击（需求萎缩、需求迁徙、利润破坏）时，试图通过营销 4P 去解决问题会遇到什么情况呢？ 通通都会遇到边际产出为负的情况，也就是投入到营销中的钱，越来越难达到效果，直到收不回投入成本。这个时候，就是"等死比找死强"的时候。

"等死比找死强"，这是一个经销商同我们讲的一句话，他讲的是一个实际情况。这种情形，用营销 4P 去解决，无解，因为工具和问题不在一个层级上。

有一个案例非常有助于大家理解这种说法，这个案例是西方金融产业上的一个"大案"。

早期的西方金融史，其实就是一部强盗火并史，只是这伙强盗与普通强盗不同，他们拥有顶尖的智慧。130年前，美国有两伙顶尖的金融团伙在对赌铜价，其中做多的一伙人控制了当时的铜矿，一方面减产，一方面在市面上买入铜，他们拥有当时顶级的操盘手，这个时刻，似乎胜利是必然的。可惜他们的对手是摩根家族，摩根家族明知道他们既能控制基本面，又能操纵市价，但是还是打败了他们。

摩根用了什么方法呢？摩根家族大力买入黄金，当时的美元是金本位，摩根买入了黄金，使得国家拥有的黄金大幅减少，于是只能减少货币的发行。美元变少，经济下降，所有的商品都下跌，所有的商品需求都下跌，铜当然也不例外。其对手千算万算，就是没想到货币层面会发生变化，面临高融资利率和恶化的基本面，最终破产。摩根家族史上，这是发家的关键一战。

你败了，与你的优秀无关。毁灭你，与你有何相干？

回到产业上来，当柯达倒下时，当 IBM 放弃电脑业务时，当诺基亚土崩瓦解时……他们的营销不强吗？他们弄错了层级！

产业的天变了，请把注意力从营销4P挪开，在一个没有鱼的池塘里，用不着下网捕捞……

中国今天及未来面临的情景，以前20年没有出现过，严格地说，西方（欧美日为代表的发达经济体）的市场也没有出现过。要想解决这种困局，必须把工具上移一个层级：找到解决产业问题的工具。

产业融合的魅力化道路

我们认为，各行各业都将走上"魅力化融合"的道路，只有在这个方向上，才能顺应产业大势。

魅力化融合？好像挺抽象，先不急于下定义，我们给出一个熟悉的类比来帮助读者直观感受。

读者们请把思维从自己的行业中暂时抽离出来，以旁观者的身份去看一个"苦逼产业"：这个产业只有少数产品能生存和大赚，大多数平庸的产品白送给人都没有人要，只能接受亏本的局面。即使是明星云集的大制作，消费者也可以免费获取（网上看盗版）。

这个产业是哪个产业呢？电影业！

这个产业中的人生存处境如何呢？有演员不仅领不上工资，还要给制片方交钱！够悲惨的吧！这个产业残酷程度比起您所在的产业如何？……

但是这个产业中有人活得很滋润啊：整个产业链上，上游做 iMAX 屏的美国公司股票年年上涨，制片公司如华谊、院线如万达等也赚得笑哈哈，演员们呢？张国立刚刚把自己成立了 3 个月的公司卖了，收入 2.52 亿元……

电影业，产品没有刚需，不是生活必需品，普通产品无人问津，魅力产品大卖，拉动整个产业链上的相关环节盈利，而且其盈利点早已不只是依靠产品差价式的票房收入，《私人定制》未公映就已经盈利，《喜羊羊》即使不再播出也可以坐收各商品制造行业上缴的"形象使用费"。

当我们以长达 10 年的眼光来看产业史时，不难发现，"遍地刚需"的时代正在加速逝去，消费者需要的是魅力型产品，依靠产品差价就能盈利的方式只能是一厢情愿的幻想……

产业魅力化融合的景观

智能手机，尤其是 iPhone 引发的 App 革命，打破了电信运营商主导通信产业的格局，iOS 与 Android 两大操作系统及 App 应用，将手机的通话功能降到了附属地位，游戏、视频、社交、阅读、支付、交易等，都可以通过手机完成。四屏（电脑、电视、平板电脑、手机）一云的生活圈已经形成。这是魅力化产业融合的典型。

与其他三块屏相比，中国的电视产业链显然更复杂，由于政策准入的影响，智能电视这块云虽然市场规模更大，却是进入"云端"最慢的。但是，从2013 年起，机顶盒、影音棒、智能电视开始大量出现，中国互联网巨头（俗称

BAT-百度、阿里巴巴、腾讯)的开始与视频网站、电视机厂商进行联合。

智能电视时代,软硬结合是大趋势,这种新模式向传统的电视台播出模式发起挑战,带来受众的分流、广告费的分流。对消费者来说,是客厅、卧室屏幕的革命,对于广告主来说,是媒体的革命。有人说,这是争抢"大屏互联网"大蛋糕的序幕。

这边智能电视声称要构建电视为核心的智慧家庭还没见到落地,手机产业也在向"智能家庭"这个蛋糕伸手:互联网家电,从电源、安防到各种生活电器的互联网化,手机遥控家庭电器的场景,已经不再是天方夜谭。

基于云系统,第五块屏也加入产业融合的大潮流:可穿戴设备,从早期的运动与睡眠记录与监控,开始向智能手表、智能医疗诊断设备快速发展。足不出户可以预约挂号、接受医生诊断,甚至预约全球医疗诊断的系统,都在出现。

各种屏幕的背后,是各种云系统。现在,多如繁星的云系统积累的信息,正在被一个叫"大数据"(big data)的处理系统重新整合、解析、连接。

什么叫大数据? 大到什么程度?

2013 年,斯诺登的"棱镜门事件",为所有人上了一场活生生的大数据普及课。原来地球上的每个人的生活,无时无刻、几乎没有死角,都可以被一个"棱镜系统"记录并监控:通话记录、电邮、银行消费、出没地点时间及联系人⋯⋯各种个人行为及信息,被公共场所的摄像头,以及看不见的卫星,将每个人变成理论上的透明人。

除开侵犯隐私的烦恼,云系统、大数据的商业价值也越来越明显,核心正是推动产业的魅力化融合:无数过去不可想象的产业跨界、嫁接、组合、创新,都开始出现。

过去,各行业都很喜欢强调自己的特殊性,不同行业之间有清晰的边界。现在,产业的边界不是变得模糊,而是已压根不再重要!

支付宝做了传统商业银行不做的交易担保,变成了年交易额万亿元的支付系统,互联网企业从 IT、商业跨进了金融系统。余额宝推出不到一年,募集资金已达 8 000 亿元,打破中国公募基金融资规模纪录,互联网企业跨进理财市场。

支付宝、余额宝的辉煌还没有散去,2014 年,微信新年红包,就给阿里系的金融梦罩上一层阴影:从除夕到初八 9 天里,超 800 万微信用户参与了红包活动,超过 4 000 万个红包被领取。2014 年春节 7 天,"嘀嘀打车"全国单日订单数突破 100 万单,7 天平均日增幅约 10%,其中微信支付订单比例为 68%。仅滴滴打车活动绑定的微信支付用户数已超过 3 000 万户。

支付宝、余额宝、微信支付等互联网金融创新,本身是产业魅力化融合的代表,更重要的是这些创新,在为商业、产业、企业的更大规模、更多层级的融合创造条件。

产业魅力化融合的内容与形式,都不可穷尽,也很难精确预见。但有一点是确定的:所有企业都必须考虑重新反思自己所在的行业,尤其要寻找产业魅力化融合的机会。

这不仅是关系企业发展的大势,也是涉及企业生死存亡的大事。

"企业思维模式"要改变

传统的企业思维模式也与传统的产业思维一样,强调专业化,即分工基础上的组织协同,这就需要对企业功能进行解析、界定与定义,即所有商学院的入门课:企业价值链模型。

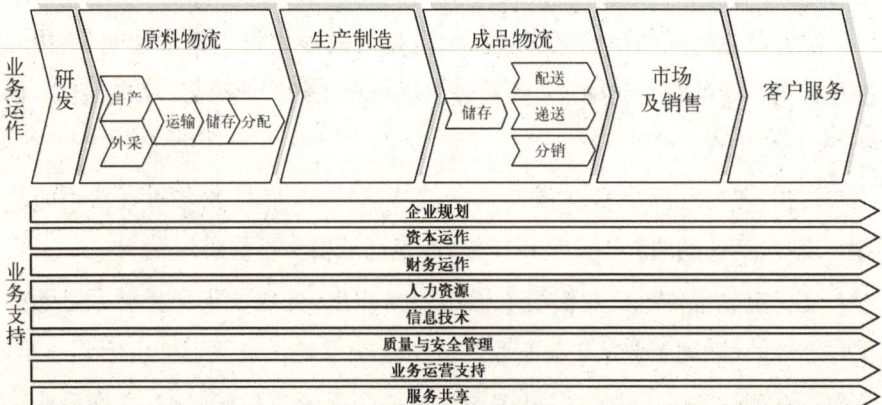

专业分工，是现代经济学的基本定律。企业的专业化管理，无疑需要专业分工的标准化管理实现。但我们必须提醒企业的是，过度专业化的企业思维，尤其是市场思维，正在成为阻碍企业与时俱进、突破发展的绊脚石。

我们很清楚，中国企业的专业进化是非常不充分的，否则也不会到今天"中国制造"仍然没有摆脱低品质的印象。我们在咨询实践里，一向主张并推进企业在内部管理上的专业化、精细化、标准化。但是，在市场环境变化、产业环境巨变的时代背景下，我们要呼吁企业从更宽的视野去认知企业，也就是说企业思维模式要改变。

简单地说，要从"三链合一"角度，对企业的战略、运营、战术进行检讨与规划：行业价值链，包括环境分析，是企业设计产品的基础；渠道价值链是设计销售模式的基础；经营价值链是设计利润的基础。这是本书为什么将产品、销售、盈利进行魅力化融合的方法论原理。

今天，企业要是割裂地思考产品、销售模式、盈利来源与水平，都是落后的，严格地说，必然被拥有产业融合思维的对手击败甚至消灭。

董明珠与雷军的十亿元赌局，背后就是工业主义思维与产业魅力化融合思维的较量。小米可以从手机轻松跨界到电视、空调、冰箱等所有生活电器，只要这些生活电器植入"互联网之芯"即变成智能家电即可。而格力，尽管在空调行业做到了世界第一，也进入生活电器品类，但格力品牌的品类延伸力，明显弱于小米。此外，小米有3 000万粉丝，小米可以与这些粉丝随时进行互动；格力顾客虽然多，有多少格力的粉丝呢？又如何与格力的顾客互动呢？

工业时代的企业思维与互联网时代的企业思维，无论在内容、技术手段上，差距太大了！这是一场不对称的赌局：小米拥有的是格力闻所未闻的武器。对于20—30岁的年轻顾客来说，在新婚的家里买小米的空调电视等，会比买格力容易得多。格力是值得尊敬的企业，但董明珠这场赌局，确实反映了工业主义思维的局限性。

在这个方法论之下，我们找到的解决方式，就是魅力型隐销。魅力型隐销，其范围超越了营销的界限，也超越了产业的范围，但是，魅力型隐销，其

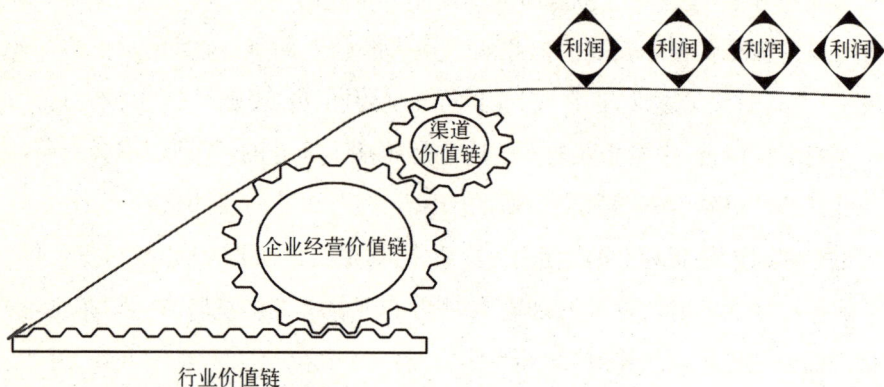

利润　利润　利润　利润

渠道
价值链

企业经营价值链

行业价值链

手法和力量来源，很多是根植于产业。

魅力：魅力化解决需求，依托产业中生出

用魅力化的产品来解决需求，这个大家并不陌生，自从苹果公司依靠三个魅力化产品直接从咸鱼变成全球最能吸金的公司开始，自从褚时健把橙子以 2 倍的价格卖得供不应求开始，大家已经能接受这个观念。

大家陌生的是魅力从产业中出生，在大多数人的观念中，魅力型产品是研发工程师的分内活，顶多加上市场部经理。可是在本书中，魅力的来源是非常大的一个系统，其中的重点恰恰是产业，从产业中的每一个环节都能生出魅力，而不仅仅是工程师的产物，也不仅仅是市面上流行的消费者参与的产物。

宏大的视角才能更有效地产生魅力！

隐销：重置产业运营方式

很多人认为好产品注定是成本高昂的，这句话不一定 100％ 正确。

现在的产业环境是什么？是产品生产成本占比低，利润占比低，推广销售成本占比过高。

当我们打造出魅力型产品后，我们需要改变例行的产业运营方式，这种运营方式的改变，远远大于电商取代门店和经销商。在每一个环节，我们都有机会找到新的运营方式,实现成本替换法和魅力增值术。

既有魅力,又有成本优势,让顾客为魅力产品尖叫,让你的对手颤抖吧。

套利:依托产业盈利

套利,改变依靠产品差价生存的现状。

套利,需要在产业上寻找盈利点,苍井空可以拍片不要报酬,其产品(爱情动作片)也可以零收费让所有的消费者使用,只要出名,她也可以像张国立一样成立公司卖给一本道公司,也可以像谢霆锋一样开一间火爆的电影片头剪辑公司盈利。

套利,需要在多个产业上寻找盈利点,当演员陈坤出席企业年会时,当陈坤出席某行业展会时,当陈坤推出了自己《行走的力量》系列书籍时,当陈坤推出玩偶,手机,服装时……他将远远超过日赚700万,他会在这些产业上实现天量的利润。

明星们能做到的,企业家也能做到。

魅力化融合的产业前景,不以人的意志为转移并来到了我们面前。魅力型隐销,是我们给大家提供的高级装备,以及帮助大家在新的产业环境中制胜的方法。

第四章 魅力无界

完整"新"世界

45 天鸡：代表"进步"还是"退步"？

"产业社会唯一的规则是效率"，这句话曾经是企业的真理。

45 天鸡就是这种效率思想指导下的产物。2012 年，市场上爆出某全球性餐饮连锁企业采用了一种速成鸡，这种鸡只用 45 天就能长大。有传言或流言描述了一些恐怖的情况：

- 以前的鸡从孵出来到宰杀，最起码也要养上半年；而现在的鸡四十来天就能出笼（也叫出栏，指长到可以宰杀的重量），还比土鸡更重。"不用激素，鸡怎么可能长这么快？是不是肉鸡产业中的潜规则？"

- 因为生长快，需要通过药物控制，工人们解释说，"这些饲料配了药，有添加剂，具体什么不知道，但对人体肯定有害，周边的苍蝇都毒死了，年轻人都不敢在这干活"。

- 该养殖公司将养殖户一个棚里养鸡的数量扩大到了 5 000 只。按照常规饲养方法，如此高密度的养殖，实在难以控制鸡群的发病率与存活率。而该公司要求养鸡场解决成活率的方法便是不断喂激素，让鸡在发病前快速出栏。

- "科学"的饲料：前十天吃一号饲料，是长营养的；下来是吃二号料，是长骨骼的；最后十五天吃三号料，是长肉的，一天能长二两到三两。

44

效率有另一个更加常见的词语表达："劳动生产率"。企业在竞争中需要不断提高劳动生产率,为了多长肉,鸡可以降低不必要的消耗,所以鸡要少走动,为了节省费用,需要密集养殖,而且在饲料方面也要花费一些心思,让鸡长得快,相应的,定期吃药抵消相应的副作用。直到一只需要半年(180 天)才能长大的鸡在 1/6 的时间内就能"速成"。然而,"持续优化"也带来了明显的负面效果:鸡肉不好吃,鸡的寿命降低。

于是中国的"老乡鸡"诞生了,广告诉求简单直接。同时,45 天白羽鸡也在继续宣传它的安全性⋯⋯

效率文化下的"人类社会":高效而无趣

这种工业化的效率思维已经贯穿了整个人类社会,只是,没有 45 天鸡那么抓人眼球,对于每一个人来说,无论工作和休闲,也成了"优化"的对象。

在工作中,为了高效地大规模生产,人力也成了一个可计量的因素,由此导致毫无创新、按部就班的工作,致使人力更为低廉。很多岗位的雇员们不需要去深度思考、不需要在工作中表现创造性,工作的简单和重复性质使企业相对易于找到替代人工,甚至进一步降低人工成本。

读者们可能认为这些仅仅是"富士康"们才会存在的现象,这些现象在看似光鲜的企业岗位中普遍存在。在激光治疗近视眼这样"高科技"的领域,博士学历的主刀医生亲口同我说"工作很简单,初中生就能干";当您看到轻轨列车驾驶室中复杂的仪表盘时,您可能会认为这个岗位很复杂,但是事实上,司机说"轻轨是傻瓜式的,比开家庭轿车容易得太多"。

休闲的过程中呢? 当一名顾客走进麦当劳餐厅时,实际上是在一种装配线式的场合进餐,就餐者被还原为一种自动的机器,快速地完成整个进餐过程,得不到太多进餐过程或所用食物上的满足。这种"待遇"并不局限于方便快捷类的服务,每次旅游,大家也是受到一条类似工业化的流程关照的,以至于很多人总结"上车睡觉,下车尿尿,景点拍照"……

当今社会的人,似乎很多方面同45天鸡很类似!

人类社会在呼唤社会性回归

近70年来,工业化的思想仅仅强调了社会的经济性,社会的社会性被忽视,以至于人们不知道原来人类社会还需要存在社会性。

但是,这一切,都因为两个因素而改变:

第一个因素是多米诺效应。社会存在着不容易被发现的多米诺效应,过度的追求经济性就会触发。当医院程式化的接待病人,越来越高效率的赚钱时,触动了隐藏的多米诺线路,杀医事件出现,医闹现象普遍……

第二个因素是"大方"的消费者。中国人到底是变穷了,还是变富裕了,网络上似乎还在争论。但是生活中,谁也不否认,我们在消费时,还是越来越大方了,我们越来越多的"感性消费",常常在受到人文关怀的时候改变消费行为。

我的一名女同事常常去一家网店买回一堆不怎么穿的衣服,而且还向身边人积极推荐,一切的源起竟然是她喜欢店主的ID名"讨饭也养你";当食品企业在研究如何更科学地降低非必要的成本时,人们慢慢地开始流行"去工业化",我所在的小区,很多家庭开始买大豆,送到附近的小作坊制作豆油,然后带回家使用,根本不考虑更便宜的"大品牌"食用油……

一方面负面效果显现,一方面开始有钱享受人文,于是,社会的拐点来到了。人们开始反思工业化思维的泛滥,开始呼唤社会性的回归。

飓风起于青萍之末？NO,现在趋势已经非常明显了。人类社会正在修复它"偏科"的习惯,越来越呼唤"社会属性"的回归。

新世界,正如同电脑上打开的一副大容量的图片,逐步在我们眼前清晰起来。

对于传统行业的企业来说,一部分企业的噩梦来了,另一部分企业的机会来了。"新"世界正在诞生：一个均衡"经济属性"和"社会属性"的新社会。

完整的产品系统对应"完整新世界"

既然新世界是由经济世界和社会世界组成的一个完整的世界,那么,在新世界中,什么样的产品会在新一轮的"适者生存"竞赛中胜出?

新视角：用"产品系统"来代替"产品"

曾经,因为对于"产品"的理解过于狭窄,导致了市场上的惨痛案例。

十年前,"麦当劳"、"肯德基"等洋快餐横扫中国市场,中式餐饮业除了大声疾呼,大打亲情牌外,就是"羡慕嫉妒恨"人家的"国际品牌资产"。他们完全没意识到,自己的产品不如竞争者,他们误以为自己的产品比竞争对手强。他们的眼中,只有食物才是"产品",全然不知道洋快餐的店面环境,完全不一样的用餐流程,各类与餐饮相关的餐具、用具加上食品,才是一个完整的"产品系统"。他们只在食品上的努力,如同一名高考学生只知道在一门功课上面用功,完全不知道高考需要考 5 门功课,不输才怪!

现在,谈到"魅力型产品",很多人的视角依然不够宽广,所以无法做出"魅力型产品"。我们需要更新一个观念：用"产品系统"来代替"产品"。因为,人们购买一个产品而不购买另一个产品,其关键要素不一定在传统的"产品"定义上：

- 关键要素在消费者本身

2013 年内很火的鲜花品牌 Roseonly,它是这么描述自己的"这个玫瑰花是一个特殊的品牌,是顶级的玫瑰,但它的贵重不在这里,因为这个玫瑰,一生只能送给一个人,需要用自己的姓名和身份证来注册,只能输入一个爱人的名字"。

- 关键要素在生产商

我去旅游的时候,看到过一个案例,在一个旅游网点,一家商户的小饼干卖得非常好,并不是因为好吃,也不是因为食品安全之类的因

47

素，只因为它的设备在现场，外形像个小型摩天轮，面粉等材料从底部进去，咔嗒咔嗒的，你可以看到整个工艺由下到上的完成，最后饼干从另一个方向掉下来。于是，大家都去买点饼干体验一下。如今，这种现磨现卖的作坊式食品，在超市里越来越多。

● 关键要素在社会

在郭德纲还没有这么出名的时候，我都没有看到过他的作品，但是一个饭局上听到朋友谈到"非著名相声演员"后，立刻产生了一种认同感，感觉这个名号也太具有社会高度了，后来本人也成为他的粉丝。

扩大版的"产品系统"

在《产品炼金术》中，我们首次提出了产品系统的概念，提出要把关联产品、产品陈列、产品风格，甚至依托产品建立的商业模式作为一个产品系统，用产品系统的视角考虑营销。

在本书中，我们再次把取值区间扩大，把产品系统放大到更大的体系中去，从经营的角度出发，把社会、生产商、产品、产业链上的合作伙伴、顾客作为产品系统。我们会发现不同的行业、不同的产业，都可以在整个系统中发现"高杠杆点"，可以制造无可抗拒的"魅力"，而这些"高杠杆点"往往是同行竞争的盲点。

"产品系统"的运用原理

不知道大家观察过街头混混打人和普通人打人的区别没有？

普通人打人，用手或用脚，都是一个点在发力，所以杀伤力不强。混混打人，都是助跑，跳起，调整重心，出拳或出腿……他是调集了全身的力量于一点，当然杀伤力大，这种杀伤力显然是来自系统，而非来自"沙窝般的拳头"。

大家看到这里，应该不难明白"产品系统"的思路：框定整个商业系统——产品、生产商、顾客、企业群、社会，然后把目标聚焦到"魅力"，在每一个点上寻求力量，在整个系统上寻找能生出"魅力"的源头，形成"多点聚集，力出一孔"的势能。

新世界中,只运用"产品"是很难让消费者尖叫的,一定要更新观念,在整个"产品系统"中发力。

社会属性下的魅力产品:卖生活

"魅力产品"如同"美女"一样,人人知道,可是要下个定义,却不容易。但是,给出几个目标明确的方向还是可行的。

我们在"新世界"的两个属性中去寻找魅力产品的方向,第一个方向当然是社会性。这是传统企业最不擅长的,最容易忽视的,所以,要最先分析。

消费者:花钱"买生活"而非"买产品"

出租车行业,一个奇特的行业。受城市大环境所制约,生意淡的时候晒壳,生意旺的时候堵车。加上分配体系的不公,司机怨气大,一门心思向顾客"取利",越来越多的城市中,"兜圈"的手法层出不穷。这个产业,典型的属于"结构性畸形"的产业,司机们自称为"现代包身工"。所以,这个行业乱象丛生,消费者投诉,管理部门头痛,司机愤愤不平,不时还要爆发罢工。

在大环境无法改变的情况下,怎么能提高收入呢?

于是,各个公司开始采用技术手段来增加收入,各类的呼叫系统兴起,试图降低空单率。又或者,利用"滴滴打车"这样的平台,降低空单率。这些都是"经济性"思维下的办法,当各家公司都采用这种方式时,难免出现"边际效用递减"的现象:投入大,收益小。

如果用"社会性"思维解决这个问题,出租车公司完全可以低成本的达到目标。有一个城市中的一个小型出租车公司,内部管理很严格,要求司机"把顾客当人看,不要当钱看",严禁绕路,站在顾客角度帮帮忙。于是城市的老人都在传说黄车司机暖心,"出驾驶室帮我拿下车上的东西","时尚女士"中在传说黄车司机不贪钱,"那天我忘了找零,黄色司机喊了我,钱从窗户里丢了出来",这家出租车公司在所在的城市迅速积累了口碑,该城市打车的人往往要指定"打黄车"（该公司的车身是黄色的），非高峰时期，宁肯等待也要座一辆黄色出租，因为非高峰期正是其他公司司机绕路的高发期，"不是为了节约几块钱，姐是怕堵心"。所以，这家小公司获得了良好的回报，也没给城市领导"添麻烦"。

是革新观念的时候了，让消费者买到生活，而非仅仅买到产品！

企业：社会化，需要个性表达

工业化时代的思维是，要给顾客温暖，就要露出统一的八颗牙。

要打造"产品系统"的社会性魅力，必须是个性化表达，只有符合企业本心的表达，才能沁入人心。否则，一定存有明显的外部痕迹，让顾客觉得不适。

电影，永远都要考虑商业性，但是导演们都会把自己的人文情怀埋藏到影片中，同为武侠精神，徐克理解的和周星驰理解的就是不同的角度，不同的表达方式。徐克表现的武侠多是侠客的内心自由，周星驰表现的武侠多是"为弱为民"的一种外在担当和选择，表达方式也不一样，一个喜欢用顶尖的科技做出梦幻般的外在表达，一个用"大俗套"、"无厘头"的手法夹带"正能量"。但是，消费者都能感觉到一种温暖。如果他们不用自己的见解，用某位大师的武侠定义，某种公认的武侠定义，可能无法拥有大量粉丝，就成不了一线导演。

新世界中，只有自己的，才是顾客的。

魅力化产品，第一个方向就是找到产品系统中的社会价值，让它散发魅力。这种魅力，看似轻柔，但是杠杆力很大，因为它直指人心。

经济属性下的魅力产品：卖借鉴，卖刺激

我们在"新世界"的两个属性中去寻找魅力产品的方向，第二个方向当然是经济性。没错，魅力产品依然可以在经济性中去寻求，只是，在这个领域，有两个方向能产生"魅力"。

新世界中的两大经济性特点：高度竞争、物质过剩

有一个现象大家不会陌生，现在的社会，"变"似乎成了主题，每隔3—5年，我们会发现老的工作技能几乎要全部翻新才行，我的一位同学是搞软件的，他说他的知识在3年一次大换血，因为原来的编程语言都淘汰了……简而言之，这是一个高度竞争的社会，对新技能的要求极高。

另一个现象是物质过剩。我发现自己的消费方式开始变化：遇到一些具有魅力的新款电子产品，我会掏钱买下来，导致家里闲置有很多"旧"物——6个鼠标，3个笔记本电脑，4个手机，毫无例外的是，它们都能正常使用，甚至市面上仍在销售类似的产品。我只是在电子类商品上如此消费，但是周围很多人，在其他品类上这样消费：有的人追逐魅力型的服装，有的人追逐魅力型的个人嗜好品，有的人追逐魅力型的汽车……无一例外，他们家里都有很多可以使用的该类产品淘汰，闲置。

魅力产生的方向之一：花钱买借鉴

广告业有一句老话"不要卖牛排，要卖牛排的滋滋声"，这句话里面有很深的洞察力，产品可以有很多"非常识"的功能，比如牛排的常识功能当然是供人吃，而"滋滋声"显然是非常识性功能，这个功能是愉悦和勾起食欲。这些"非常识性功能"是怎么发现的呢？寻找产品和消费者之间的另一种联系！

在新世界中，产品和消费者有没有一种"普世"的联系能超越"常识性"联系呢？当然有！

在高竞争的世界里，消费者每天都面临着各类竞争，为了胜出，他们需要新的思路，保持鲜活的思维。于是，消费者普遍希望在生活中的各个角落同"创新"、"启示"不期而遇。希望消费时能从各类产品中有所启示。

济南有一家餐厅开在山坡上，生意相当不错，我的客户几乎把所有的客人都带到那家餐厅吃过饭，因为很多客人听说山坡上开餐厅，食品又没有特别的优势，都想去体验一下，看看究竟是什么原因生意火爆。原来当时 SUV

车主不多,这群车主极具个性,都是"不走寻常路"的主,餐厅地点的新奇加上一小段坡度很大、只有 SUV 车才能开上去的山路,对车主产生了"量身定制"般的吸引力,造就了餐厅的初始成功。后来车主们发现,如果带客人来,就此话题谈论一番,客人得到启示的价值,远比去另一个餐厅吃到稍稍美味一点的食品的价值大,于是纷纷带客人前来,又造就了餐厅更大的成功。

很显然,这是一种魅力的方向。而且,这种方向是非常具有商业价值的,原因是这种魅力,吸引到的消费群体,无一例外是各类意见领袖,活跃群体,他们的认同是产品开始热销的关键。这也是很多"洋品牌"在中国成功的奥妙。

让你的产品和生意打破常规,对于新世界的顾客来说,具有致命的吸引力。

魅力产生的方向之二：花钱买刺激

我有一次干了一件事后觉得很不理智的事情。我原来有一个云盘,容量是 1 T,我的很多文件都放在里面。有一天,我突然发现自己另一个老账号的云盘容量居然已经被提高到了 30 T,当时 30 T 是一个很大的数字,我为此兴奋,觉得好玩,硬是花了整整一下午的时间,把文件搬家。其实,这个 30 T 的云盘和 1 T 的使用上没有什么区别,我的文件只有 40 G,1 T 的老云盘都足够了。我之所以如此,就是因为那个数字,当时远远超过了我的期望。

很多人不都是这样吗？花了大价钱买了一个 6.0 T 的汽车,花了大价钱买了一台怪兽级的电脑,不都是被某个数字点燃了消费欲望？

跨级的数字,也是魅力的另一个方向。只要消费者没有成为圣人,他们就还是有物质的追求,用越级的指标去打动"经济人",依然可以让他们"欲望"一把。

魅力产品的新金字塔结构

我们在上两节中讲述了魅力产品的两大类别(来自社会性的和来自经

济性的），三大方向（生活化、刺激化、可借鉴化），相当于描叙美女有了一些基本的指向：蜂腰、瓜子脸、身材高挑。虽然这些指向不能完全覆盖美女的要素，但是对于实践来说，已经有了基本的指导，否则，动漫中的美女设计就要难倒设计师了。方向有了之后，如何组合才能打造出一个魅力产品呢？这涉及一个结构。

结合中国市场的实际情况，我们认为，魅力型产品有两种结构：金字塔形和倒金字塔形。

终极形态——金字塔形结构

有一种魅力型产品的形态是这样的，人文的符号在最顶端，成为统领产品的灵魂，或者产品的社会符号。底端是大量的产品属性做支撑。

最为经典的案例当然是乔布斯的苹果，乔布斯从产业出发，要改变科技产品繁复难用的形象，要为"怀揣改变世界梦想的人们"提供一种"在宇宙中留下印记的产品"，所以苹果的产品界面简洁易用，创新力贯穿每一个层面，凡使用者无不从其产品使用中获得种种惊喜。

我们把这种结构的魅力型产品称为终极形态，有两个原因：其中一个当然是这种产品魅力十足。这么多年，不知道多少企业上演过砸苹果的激情戏，但是无论是其人文魅力的高度，还是其产品的精细层度，都是"货比货得扔"。

另一个原因是这种产品对企业的要求也是"终极"。当一个企业领袖能在产业的高度和社会的高度诞生自己产品中的"人文魅力"，这已经不易。但是，更难的是用"产品系统"把这种人文"代言"出来，这是非常困难的，这也是本书前面提及过的"品牌产品各说各话"的原因。

还有更困难的部分，一个产品不能只有几个部分能代言这种人文，而是各个层面、细节之处都有"人文"的基因，指向都一致。

这依然不是最难的部分，更为困难的是，永远站在产业的潮头，能利用产业上的新技术，保持动态的领先和一代一代的产品都能在每一个细胞上代言"人文"。

我们把这种结构的魅力产品叫做终极形态。做出这种层次的产品，有三个必要条件——"悟道"级的领袖，时间沉淀，顶级的组织机制。

中国的"产业升级"不能被线性的认为是从螺丝刀工厂到机器人工厂的装备升级，走德国的路线不是唯一选择。高魅力，高利润，高技术，高设计的美国式企业也是一种选择。

中国是一个奇特的国家，从整体上看确实有种种"劣根性"，如同烂泥一样喧哗和市井，但其间却往往能孕育个体的"荷花"，能产出顶尖智慧的人物，而且中国人非常适合小型化组织。现在华尔街顶尖的基金公司名单中出现了中国人创办的公司，未来，也一样会出现中国人的"GOOLE"、"苹果"。

过渡形态——倒金字塔形结构

还有一种魅力型产品的结构是这样的，产品有限改良，但是利用产业的机会，在"支撑部分"加入各种人文因素。也就是塔尖没有创新，塔基上做创新，小米手机就是这一类的"魅力产品"，果粉对小米不屑一顾是有道理的：小米与苹果确实不是一个类型的魅力产品。

但小米也有其独特的魅力，它的成功无可否认。为什么呢？

首先是产业上有机会可以利用。小米出身的年代正是高端高定价的产业时代，各大厂家低端低利润，高端产品高利润率，导致当时的高端手机价格非常高。然而手机又是外显性产品，许多人有高端机的需求，没有合适价位的产品支撑，于是产业上有了市场机会。加上手机的产业链特殊，核心元器件厂商把持的是高利润区，代工厂利润微薄且乐于代工，于是产业上拥有了进入的机会。

其次就是注入人文因素的营销，网上有泛滥的关于小米营销的分析文章。小米是在各次级环节加入了大量的人文因素做支撑，从 miui 的消费者介入，到工程机的互动，到"发烧"的概念替代了屌丝的支付劣势，到雷锋版米兔的拉近距离，到论坛，微博的及时互动……小米在商业的冰冷中注入了一种温暖的人文，而且在人文的光辉下抹去了屌丝们的失落。这就是在各类次级环节加入人文魅力的例子。

中国企业的选择

对于大多数中国企业来说，可能都没有能力在短时间内做到终极形态的魅力产品。在这一点上，急于求成是没有用的，即使让人津津乐道的苹果公司，数十年来也只在电脑、手机等少数几个产品上出现过让人兴奋的产品，而且，其间也出过不少失败的产品。在这条道路上，时间沉淀是必需的。

很多企业必须在"奔跑中调整姿态"，逐步形成自己的资源和势能，走第二条道路是必然的选择。

需要说明的是"有限改良的产品"是消费者的感知，对于企业来说，可能就是"划时代的产品""让顾客尖叫的产品"，这个落差是一定会存在的，所以，走第二条路，在"产品系统"上下的工夫也不会少。

走第二条道路，营销用什么套路，盈利是如何依靠"羊毛出在狗身上"的设计，本书的后续章节"隐销""套利"部分会讲解。

走通一条路，善莫大焉。

魅力产品系统要素之一——生产商

新视角：在生产商中寻找魅力

"鸡后"下的蛋，更兴奋、更好吃

我对生产商魅力化的思考起源于一张图片：

这是一个品牌的宣传画面，卖的是一种当地的沙面（面条），我的女同事们很喜欢这个品牌：

- 女同事们喜欢这个品牌，一部分是来自图中的帅哥"工人师傅"
- 女同事们喜欢这个品牌，一部分是来自图中挂得像画布一样的陈列架及面条

● 女同事们喜欢这个品牌，一部分是来自图中的蓝天白云

......

我当然知道，这种在农户中收购来的产品，实际生产的真实情景如果不出意外的话，大体也是穿拖鞋、衣服污渍斑斑，佝偻着腰的老头在生产；实际生产中，也是院子中的一条条绳子密密麻麻的挂晒产品，其中的一部分绳子上，晒着滴水的衣服；环境也不会是图中的景象，偶尔会有自然中的昆虫、蛾子……

这张图片运用的手法是摄影师的常用技巧，但是，这里面有宝藏——生产商的每一个生产要素，都可以"魅力化"，你能把这些要素做得更实质化，更能"围绕""吸附"你的消费者，就能帮你的产品"脱胎换骨"。

"你吃到鸡蛋，还会关心下蛋的母鸡吗？"这句话显然只适合吨位型产品,对魅力型产品而言,情况正好相反。

新方法：拆分"生产商"的次级要素

如何把母鸡变成"皇后级母鸡"呢？扯大嗓门称自己"血统纯正"？"专业专注××20年"？"生产的产品包装可以绕地球N周"？……这些叫卖手法在魅力商品中可行不通,如果消费者不傻,企业傻没作用。

这时候要用点波特的方法了,波特在他那本风行全球,以此成为哈佛大学终身教授的《竞争优势》一书中,提到过一个很好的方法：拆分自己的价值链,同消费者的价值链逐点对接。

这个被很多人复杂化的方法其实原理很简单,把乙方(生产商)的次级环节拆分出来,再把甲方(消费者)的环节拆分出来,看看乙方的哪个环节能影响甲方的某个环节,在此强化和优化,当然就能搞定甲方了。

如果没明白波特的意思,也没关系,本章就将这个方法运用到一个直观的案例,可以在具体情境中体会一下。

我们把生产商的次级环节拆分出来,按照最没有争议的方式,拆分成四个次级环节,它们分别是：

- 产地
- 厂房、设备
- 制程、原料
- 人

这四个环节,人尽皆知,就不在此解释,以节约读者的宝贵时间。时间,都留着看干货吧。下面的几章,就来看看,这些普通的次级要素,到底能玩出什么花样？如果能玩出花样,不就是具有内生性的魅力吗？岂不是可以节约很多"打品牌"的费用？

产地的魅力化

很多企业习惯找个工业园,然后工商注册,就这样诞生了一个企业。如果真的要好好考虑一下,似乎也不知道往什么方向去考虑。既然如此,那么，先看个案例吧。

施华洛世奇的魅力源

在施华洛世奇早期的历史中，有一个重要的事件——工厂搬迁。奇怪的是，几个创始人慧眼选中的地址，既不出产水晶，又没有成熟的工人可供招募，甚至，交通不便。他们选中的地址就是奥地利西部的瓦腾斯，一个无名小镇，但是这个小镇有一个优点：地处阿尔卑斯山麓。

1995 年 10 月，位于瓦腾斯市的施华洛世奇水晶世界揭幕，这座地下博物馆外形是一个绿色的巨人，面积超过 2 000 平方米，置身其中可彻底体验奇异的水晶世界。每天有成千上万的游客蜂拥而来，为的是看看那个造型怪异的阿尔卑斯山巨人。这个巨人匍匐在一个山头，两只水晶大眼在阳光的照射下闪烁着奇异的光彩，从它的嘴巴里奔涌而出的喷泉落到了前面的湖中，发出了巨大的咆哮之声。

这个巨人依山而建。从巨人的嘴巴走进去，游客们的眼前立即豁然开朗。在占地两万平方英尺的游客中心里，有七个不同主题的地下

展馆。那些由名师之手设计而成的水晶作品固然流光溢彩,但参观者们往往会在重达135磅的世界最大水晶面前惊叹不已,又或者在由12吨彩色水晶砌成的水晶幕墙处流连忘返。

当好奇的游客提出要到不远处的水晶工厂参观的时候,就会遭到工作人员礼貌地拒绝。他们会告诉你,施华洛世奇水晶制作过程属于商业机密,不向外来者开放。

至今已有超过450万人亲临感受水晶的魅力,被震撼的游客们把这些信息以朝圣般的回忆传递给了周围的朋友!而瓦腾斯也因为施华洛世奇的崛起而由当初默默无闻的小镇发展成奥地利最著名的工业区之一。该镇居民中有1/3的人都是公司的员工,而剩下的人中则有80%以上从事与施华洛世奇相关的旅游、餐饮及服务行业。

这就难怪施华洛世奇的第五代传人马可斯在中国访问期间,被问到是否会像世界许多大公司一样利用中国的劳动力优势在中国建厂时,马可斯笑了:"一百多年来,瓦腾斯的水土成就了施华洛世奇这个品牌,我们只会在瓦腾斯的土地上续写这个神话。"

看过这个案例，估计大家有所触动，这就是利用产地打造魅力的具体运用啊，它的辐射能力达到了全球。我们为此还做过更进一步的研究，我们问过去国外留学回来的同事，翻阅过一些外文资料，发现很多跨国公司，特别是消费类的公司都做了类似的动作，巧克力品牌好时的贺喜镇（美国）、汽车品牌欧宝（德国）都有类似的案例。

表明一下我们个人的看法：在我们眼里，施华洛世奇依然是玻璃。中国的琉璃可不比水晶差，然而……

中国企业：产地要玩出新花样

中国企业，首先做一个完全分类：国企，非国企。还有另一种完全分类：大型企业，非大型企业。国企和大型企业，都有克隆上面这个案例的机会。

我最为遗憾的提案是有关江盐小镇的。我认为，如果在庐山脚下，克隆施华洛世奇的手法，搞一个江西盐业的江盐小镇，是非常具有"钱景"的：

● 把千年传承、古法制盐的梯形晒盐田引入其中，可以和庐山景区共生，毕竟，庐山景区太单一，这种"风与光的杰作"，可以吸引更多的游客。用这个魅力型产地给自己的高端产品背书，再好不过

● 可以收获无比的经营优势，一个10亿规模的企业到一个小镇上，可以拿到何等的优惠条件

● 可以让员工满意。员工个个可以无压力的住上"大 house"，周末开车进城休闲。几十年下来，没准还可以省掉老年后的 30 万元住院费（城市生活，肿瘤率高）

……

可惜，其他有关产品设计，品牌推广方面的提案都被采纳，唯有这个我个人认为最具前景的建议被认为是"天书"，看来只得等待有缘人了。

那么，小企业、私企，有没有什么方法利用"产地"做文章？当然有！目前，小企业、私企，利用"产地"的惯用手法是错的，一些企业动辄弄个"法国原产"回来，又或者依托各种关系，高价在一线产区收购一块茶园卖茶叶，这种手法，没有用到"产地"的精髓，至少，没有在经营上增值。

关键要在"卖生活而非卖产品"上动脑筋。

现在的很多生活用品，特别是与食品相关的产品，消费者是谁？城市居民。乡村，天然这些要素天生对他们有吸引力，距离就是美嘛。再加上，车轮时代来临，一家 3 口周末到郊外，满眼的体验都是新奇的。

这里就有非常多的机会，把你的企业设在郊外，如果是某种调味品企业，你可以考虑设在山坡上，因为风大啊，海拔高啊，适合原料的保存，在发酵的过程中杂质也会少。如果是用到水产品的企业，当然要离渔民多的地方近。然后，需要设计一些"参观＋体验＋购物"三位一体的小项目，再结合一些推广手段……您的产品很容易做到区域的"魅力化"，在中国，"眼见"永远优于"耳听"，您的区域性酱油在本地卖得比海天贵，卖得比海天多，可以被居民当做礼品送亲戚，就不再是梦想了，这里面可做的文章，多了去了。

这就是我们在生产商这个要素中，把最不起眼的次级要素"产地"给挖掘出来运用的方法。以前，我们是否把这种"魅力武器"给直接忽视了呢？

厂房、设备的魅力化

厂房、设备，这其实是两个次级要素，但是在人们的脑袋中，这两个性质差不多，我们就把他们放在一起讨论。接下来，我们要展示给大家的是：如何利用厂房、利用设备，把我们的产品魅力化？

厂房：意料之外的"魅力源"

最近几天，刚好看到各大网站上的新闻，苹果公司又上头版了，这次是它的总部工业园（也可以看做是它的"厂房"吧）：苹果新总部工业园变身"太空船"。

国内也有这方面的案例，佛山有一家二线的内衣厂，在90年代就敢于把自己的厂房建设得像宫殿一样，于是，它获取了消费者更多的关注，也给予

了经销商信心，产品在广东省内销售不错。

还有一个大家熟悉的案例：当年上海出现食品安全方面的担心，立刻有企业设计了全透明店铺，现场制作豆腐，很快地在这个一线城市崛起。如果按传统思维，试图抓住这种机会，去搞定位，打广告，成本无限大，收益远不如此。

让设备成为魅力来源

国内有一些企业利用生产设备为自己的产品销售加分。我去参观过江苏省的制盐企业，他们的最新一代的制盐厂在设计的时候就充分考虑了协助销售。他们有很多 B2B 的顾客，什么调味品厂、饲料厂之类的客户，这些客户的采购模式是什么呢？

原料当然要便宜。但便宜也要放心啊，于是过来参观，一看人家企业全自动全透明的厂房，除了电脑控制室，基本没几个工人，成品直接从管道"滑"到厂外的河中装船走水运（运费便宜），再到厂内展览馆接受一番讲解，就彻底被搞定了——知道人家成本低是来源于技术设备的投入，而非降低品质。

这就是国内 B2B 类企业常用的方式,他是指向效率和成本的,也有指向质量的。

更深入的思考

在走向魅力化的路上,小型企业将用"魅力化"对抗全国性寡头企业的规模化。

在魅力化的初期,肯定以及一定要走区域魅力化这一步。然而区域性魅力化,必将优先发挥近距离的优势,深化客户关系。那么,就需要打开大门,从各方面融入客户的生活中,作为实体的企业,"关键点"就会发生移动和改变——厂房和设备的地位会上升,因为它们是重要的接触点。

我们以上看到的案例会不会只是冰山一角呢? 还有更具魅力化的方式? 答案是肯定的。

(1) 魅力化的方向会更多。

即便是苹果公司,它对厂房的利用也只表达了对行业性质的一种贯通和理解,在此之上的极致化,这应该算是一种"卖刺激"。这只是刚刚开始给"厂房"赋予"生产属性"之外的"魅力属性"。

厂房作为一个地点,一个实体,和当地顾客之间的关联点绝不止这一点点,怎么能利用厂房"卖生活""卖借鉴"呢? 答案就在读者的大脑中,在读者的实践中,也许我们在本书中"抛砖",很快就会"引玉"。

(2) 与其他手法的结合。

既然生出了魅力,又具有距离近的优势,当然应该和消费者"互动",这就需要和其他的手段结合,打出组合和节奏。

厂房、设备,这两个次级要素,成为智造产品魅力化的手段。

制程、原料的魅力化

用制程智造"魅力":让消费者参与

关于工艺和制程的利用,国内的酿酒企业用得非常顺手:"小窖酿制"、"二次投料、九次蒸馏、八次发酵、七次取酒"、"层层历练:经过抛、抖、撒、抓、压、带等 18 种复杂手法交替炒制"。

这些都是在工艺上给自己的品牌加分，为销售助力的手法，这种手法至少比"白痴洗脑式"的定位手法更有说服力——比起"中秋送礼，就送××老酒"，"铁观音，就是×××"，这些品质证明的诉求更容易让老百姓认同。

但是，这种手法依然只能起到锦上添花的作用，老百姓听多了，依然麻木。如果你是一个文化衫的生产大厂，如何在制程上做文章，把你的文化衫卖得让消费者兴奋？变身成一个魅力型企业？

国外的一家公司研究了制程，发现在大制程上入手，制程中的设计环节和工艺环节与消费者关联最大。于是，他开放制程，在这两个环节中融入消费者，他的每一波产品由诸多设计师设计出来后，放到网络中给消费者选择，消费者投票给自己喜欢的款式，最后的优胜者会进入试产，试产会用到不同的工艺和材料，这些试产的产品是"测试品"，再次送给一些顾客试用，顾客给出使用心得，最终厂家改良产品，推出最终版。

在这个过程中，很多消费者参与到了制造过程中，对产品有一定的感情，厂家通过种种方式发放奖励参与的优惠券，消费者可以以折扣价买到自己投过票的文化衫。于是，这家公司红极一时，成为当时的投行争相投入的对象。

在制程中发掘魅力的关键方法就是——让消费者融入其中。

国内也有做得相当好的案例，只是，这种案例出现在网络小说业。现在当红的小说作者，取得的成就和粉丝量，并不比当年的金庸差，也不比当年的钱钟书差。如果您能把网络小说业当成一个行业研究的话，不难发现，他们的魅力来源，有一部分是来自制程的。

通常小说作者会每日固定写 1—2 更（章），而很多读者在等更的时候会在论坛里做很多事：签到，预测剧情，挑穿帮的细节等。签到会积累经验值，经验值可以用来升级，有时候读者会超越小说中主角的武力等级，于是读者会兴奋。预测剧情，挑出穿帮的细节成功都能获取一份满足感。作者每天也会看这些预测、挑刺，改变自己的写法，以便出乎读者的预料，或者根据读者的强烈感情偏好，决定 1 号、2 号女主角的结局……其中的互动非常紧密。

电视连续剧早已开始用这种方法在制作。2013 年风行全球的政治剧《纸牌屋》就是依据对 4 000 万观众的收视习惯的追踪，分析观众的兴趣点，为影片中的元素进行设计。

《纸牌屋》背后的 Netflix 公司

影视剧本创作，过去依赖传统和直觉创作，现在则是依据大数据分析。

Netflix 建立了属于自己的用户偏好数据库。在 Netflix 为其库存视频所划分的 7 万多个标签中，它们都分别对应特定的观众区间。这个数据库，虽然不能告诉导演编剧影视剧要怎么拍，但他能告诉这些人，影视剧中需要什么样的元素。比如他们拍摄《纸牌屋》的时候，就该知道哪些元素需要有的放矢。

Netflix 将电影元素分解为无数的"微类型"：情感斗争类的纪录片、基于现实生活的古装剧、20 世纪 80 年代的外国魔鬼故事……

Netflix 雇用一群观众，让他们阅读一份长达 36 页的培训文档，训练他们如何对影片的性暗示内容、暴力程度、浪漫桥段，甚至情节等元素，作出精确的评级细分。

Netflix 建立一个影片类型的数学模型：类型＝地区＋主题＋形容词元素＋类型片类型＋演员特性＋创作来源＋时间＋故事情节＋内容＋得奖情况＋适宜观看人群等。

收视数据、微类型的分类、数据模型的建立，现在的影视创作可以在上述模型之上进行，以确保符合观众的关注程度与情感体验。

大数据正深入到电影的创作环节，并且正对整个影视创作行业从剧本选择、导演演员的选择、拍摄和后期制作，乃至营销产生深刻的影响。

2013 年 3 月，《纸牌屋》第一季一经推出便广受追捧，Netflix 的公关总监 Jonathan Friedland 当时在接受媒体采访时曾说："我们知道用户在 Netflix 上的观看习惯，所以，通过基于用户习惯的分析，我们对哪些剧集会受欢迎很有信心。随着时间的推移，我们能够针对不同用户推出他们更加喜欢的节目。"

除了剧集自身的受欢迎程度外,这一基于大数据的战略还有一个优势,就是 Netflix 的推荐引擎在其中起到很大的作用,这可以使得 Netflix 在营销成本上节省不少。Netflix 的数据表明,75% 的用户都会被 Netflix 推荐观看所影响。

继 Netflix 之后,Amazon、Lulu 等来自硅谷的互联网公司已开始尝试数据研究在影视制作上的应用。自硅谷的冒险一旦取得了成功,也就意味着传统的电视消费模式真要被革命了。尽管有线电视不会完全消失,但是互联网电视的增长,通过 Apps 来跨越大大小小屏幕的方式,就足以让霸占客厅、卧室的电视产业坐不住了。

这一切的原理,就是让消费者参与到产品制作的过程中。特别重要的是,现代网络化工具,提供了特殊的条件,使制作者与用户互动得更容易、成本更低。

"原料"也可以智造魅力

自从食品安全事件频发之后,很多企业为了抓住这波机会,用了各种与原材料相关的手法:

- 有的投入巨资搞"全产业链",从化肥、养殖、制作、包装材料都"严格把关",如何如何……
- 有的利用原材料提供品牌背书的:所选××,均来自××产地特级××……
- 有的请代言人:喝了几十年××牌,放心……
- 还有的企业是典型的先拍胸脯,后拍屁股的,"良心产品,放心厂家"……

钱花了不少,专家意见也听了不少,就是不见效,老百姓怕了他们(企业)——"都和三鹿、蒙牛一个操行,不能相信"。

专家和老板们都太忙了,没时间去菜市场,所以想不出如何利用原料的办法,可以理解。

如果去菜场买菜,就会发现老百姓的智慧。香肠,老百姓都认为制成品危险，良心企业可能只是粉多肉少，一般的企业可能就是传说中的"淋巴肉"、"猪的远亲肉"等。但是，吃还是要吃啊，又不能每次都自己亲手做。于是，他们会自己买好肉，送到灌制香肠的摊位那里去制作，站在旁边盯着做，或者委托其他的顾客看着，放心回家，一会儿回来拿。这样就解决了这个问题。

如果企业家和专家们站在菜场灌制香肠的摊位那里观察一小时，他们就不会受教科书局限，非要在教科书所框定的领域钻牛角尖，不用花大价钱瞎折腾了。这里就是在原料上解决问题的方式——把关键原料（肉）分拣出来，让消费者参与，然后让消费者监督制作。

企业在生产一个产品的时候，有没有拆分过每一个原材料？利用不同原材料的不同属性？让消费者参与进来？

茶叶行业现在出现一种现象：高端消费者跑到一线产地，指定茶树，指定炒茶师傅，这样来解决自己的喝茶问题。这都是消费者想出来的办法，企业呢？还不醒悟吗？

最后留一个问题给大家思考。大家都听说过一号土猪，如果你要在行业中搞出另一个农产品品牌，很快超过一号土猪，您用什么方法？

制程、原料，这第三个次级要素，又成为产品魅力化的智造手段。

"人"的魅力化

对于生产商来说，"人"最常见的有两种——员工和老板。下面我们来看看，这两个次级要素，非常普通的次级要素，是否也能成为重型武器。

员工"魅力化"

2013年携巨款跑路的泛鑫公司的美女老板，手下有一批魅力化的员工，媒体这样描述：

这是一群"高端国际范"的美女业务员，她们可能没有保险从业经历，但是大多有着模特身材，"黑丝袜高跟鞋"穿着超短裙见客户，每件均保费都在几十万元甚至百万元，业务超好。

读者可能觉得有点"不适"，感觉有点"莞式服务"的味道，这是由于"魅力化"的水平造成的，有些好东西到国内企业那里，难免会变味。

再看看这个案例，同样是"员工魅力化"：

印度"奇迹"快递公司，它的公司业绩良好，部分原因来源于它的招聘策略——其所有雇员全部都是聋人，或者听力有障碍的患者。

让聋人送快递，这主意听上去有点不可思议，但是如果仔细想想，送快递这件事确实不需要与客户进行过于复杂和高频率的语言交流，所有环节，即便是用简单的手语，信息沟通也能基本顺畅。

"奇迹快递"是这么运作的：客人通过电脑下单，女员工负责将邮件分类，男员工跑送货，全靠手语或手机短信沟通。

让人意外的是，"奇迹快递"的服务很快在业内赢得信誉——他们的员工送件相当准时，整体表现超越同行业平均水准。这个跟他们是聋人有直接关系——倘若不准时，沟通的成本会显著增加。客户反映这些聋人快递员更和善有礼（他们每次投递时都会手持若干印好的问候语，例如"你好"、"谢谢"、"对不起"等）。

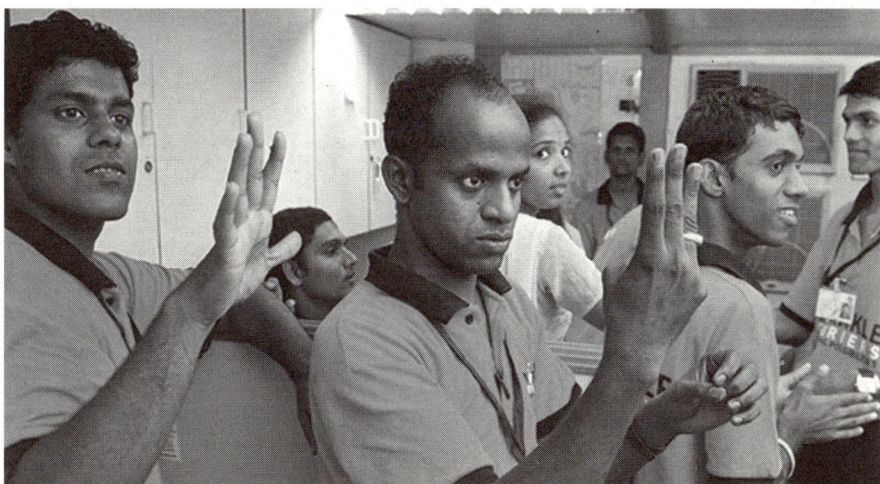

您能进一步思考，他们的水平差异本质上区分在什么地方吗？其实不难发现，主要是目的上的差异，目的不纯，手法就会让人产生厌恶的情绪，其

次是结合度，后者对行业特性的理解更深刻，结合度更好。

我们反复提到过我们的观点：小企业会通过"本地化"、"魅力化"来对抗跨国性、全国性产业巨头，也就是"小而美"必须有一个本地化的过程。

当然，这种本地化，不一定是基于真实生活中的地域，也可以是网上虚拟世界中的"本地化"。那么，在本地化的趋势和前提下，如何能做到更加的"员工魅力化"呢？这个问题不难回答，打破员工和顾客之间泾渭分明的界限！

老板的魅力化

维珍的老板，穿黑丝高跟鞋涂口红上维珍飞机当空姐了。他一向特立独行的风格，有助于他的生意扩张到诸多产业，而且全部是切掉该产业最有利润的一部分。没办法，消费者就是相信他的公司产品，会藏有一份极限的体验在里面（小米的"发烧"概念，雷军本人没有演绎出来，"雷布斯"离乔布斯还有点距离）。

国内的企业，其实都知道老板魅力化的优点。您看，360 的周老板和百度的李先生，就很默契，两个人推广云盘，一推一拉之间，谋杀了多少注意力。北京的黄太吉煎饼，那个开奔驰送外卖的美女老板娘，撬动了多少话题与自媒体传播？

对于企业来说，"人"并不只有老板与员工两种类型，只是这两种最普遍而已。对于很多企业来说，他们有投资人，或者有股东，这些投资人或股东，善加利用，都能带来产品魅力。

人，这第四个次级要素，也成为产品魅力化的智造手段。

魅力产品系统要素之二——"产品"

产品，企业的基石

大家能回忆起儿时玩积木的情景吗？无论我们的积木垒多高，坍塌的时候，底部的那一块或几块总是完好的。这就是基石，无论企业如何坍塌，基石要在那里。

还有一个负面角度的联想，南斯拉夫有一个电影叫《桥》，里面有一句台词："要炸掉整座桥，只有在一个地方放炸药才行"。显然，基石没有了，整个企业也会完蛋。

我们这代人有幸看到，被国内手机厂商视作"无敌"的诺基亚，因为产品被苹果歼灭，整个企业不可避免的坍塌，而坍塌之时，它的现金流、技术储备、品牌、团队都是非常棒的，这多么像那座被炸毁的桥！

从系统看产品——企业的基石

《产品炼金术》里产品是系统的观点，可以这样理解：我们把产品放到系统中，会看到什么呢？

如果只看到手中的产品，就要把产品质量做好，功能做强大。如果我们看到产品和一个消费者，把这二者看做一个系统，当然可以把产品做到微利，用这个主产品赚取客户，然后利用关联性产品赚取利润。

消费者喜欢小米手机，再买点保护套，米兔公仔，耳机，手机外置摄像头，小钢炮蓝牙音箱的时候，怎么会再去逐家对比价格，于是，这些产品上出来的利润，比关注度高的手机上产出的利润多。

如果我们看到产品和一群消费者呢？把这些看做一个完整的产品系统，当然可以考虑给一部分人"免费"，另一部分人高收费。

QQ就是这么干的，大部分人玩QQ是免费的，这些人能帮助QQ获取含金量高的客户，这些含金量高的客户，会掏钱开一个5 000人的Q群，会掏钱玩游戏，于是"产品系统"的内涵又变化了。

如果我们看到的是生产这个产品的企业，和消费这个产品的社会，把这看成一个系统，显然，这个系统更大，各种商业模式就会诞生。

现在很多房地产商热爱"农业"，搞"三农"，他们显然不是站在农产品的角度上考虑的，他们是要借农产品拿到政府的补贴，补充他们的现金流，他们要借农产品的壳，向银行获取低息贷款，补充主业的现金流。

从系统中看，产品就是一个基石，也可以理解为一块磁石，在此之上，可以吸附、构建绚烂无比的企业帝国、各种"耍酷"的商业模式。

产品，就是小孩子摆在地面最底层的积木，是企业系统的基石。

从时间轴看产品——企业真功夫

从时间轴观察一个对象，首先得了解大周期、小周期的分别。

科学家说，我们的社会正在走向另一个小冰河期，具体而言，就是以10年为单位看，我们的地球是越来越冷的。这就是大周期的例子。而对于我3岁的儿子来说，他不是科学家，他是以自己的眼光来看世界的，他用的是月为单位的方法，他问我，为什么几个月以前要穿棉袄，现在只穿一件短袖，我告诉他，因为几个月前是冬天，现在是夏天，气温升高了。这就是小周期的例子。同样是生活在地球上，到底是变冷了，还是变暖了？

产品也存在同样的观察视角。对于年轻人来说，在网上听歌已经成为习惯，不太可能去购买CD，所以，通常我们很难想象还有卖歌的"产品"，这种产品早该淘汰了，卖这种产品的人应该会破产。然而，事实上不是，很多小店都在卖这种东西，一张 512 M 的 TF 卡，里面有几百首歌、戏曲，很多老人去买，买来放到自己的收音机里面，高兴得不得了。这种卡多少钱一张呢？100 元！淘宝上一张 4 G 的卡 15.8 元。

对于企业来说，生产"平庸产品"也可以活得很好，但不可能活得久。利用小周期的机会，也能活得很好，企业家也可以发财、"出人头地"。当年敢于打广告的老板们都发财了，当年勇于搞深度分销的企业也有很多成为一线企业。然而，从大周期看，产品依然是基石。

你周围是否有这样的亲朋好友，以前喜欢"真诚到永远"的品牌空调，现在看也不看这个品牌，现在非格力空调不买的？曾经，以各种"产业报国"、"民族品牌"、"中国人自己的可乐"等号召消费者的企业或产品，现在都在哪里？

老百姓给了他们机会，给了他们时间……但是，还会给多少机会等他们呢？

我们在本书中所讲述的内容，是一个时代机会下的方法，而且我们相信，在未来 5—10 年间，会成为企业界"例行"的方法。

但即便如此，也可能只是一个 10 年级别的"小周期机会"，只能帮企业赢得时间和门票，企业如果不在产品上持续努力，不像乔布斯一样，以宗教一般的热情去创造伟大产品的企业，终究会如同一颗流星。

从时间轴上看，即使一个企业风华绝代，也不过弹指一挥而已。红颜弹指老，刹那芳华，时间确实是一把杀猪刀。

实物产品魅力化

实物产品魅力化，这是一个复杂而不容易讲清楚的问题。我们依然采用最简单，最直观的方法来讲述。

方法：目无全牛，分拆产品

各行业都存在一个庞大的产业链，产业链内部的技术创新其实是非常丰富的，"技术"往往能搞定，企业"搞不定"的是人文的部分。"让顾客尖叫的产品"似乎是灵感类的东西，不可捉摸。

我们可以用十分钟的时间打消您的这种担心，10分钟，让您快速上手。

先扫描一下产品工业史，然后来"庖丁解牛"一番，更要"目无全牛"，把一个产品拆成一堆部件：

- 以前工业时代，产品的各零部件是指向功能的，每一个零部件都必须有一个功能。

- 后来到了工艺设计时代，产品的各零部件增加了视觉冲击功能，第一指向是视觉。很多原来不重要的零部件成为视觉主体，甚至增加了一部分零件，这些零件仅仅为视觉而生（当然，顶级的工艺设计师是追求功能艺术一体化的）。

- 现在是体验时代，需要把各零部件增加一个"第一指向"，那么第一指向是什么呢？生活，借鉴，刺激……

我们来看一个"卖生活"的面碗设计：接触嘴的部分很薄、很光滑，但是其他部分厚且相对粗糙，这样人喝汤时，嘴唇接触的部分会有好的触感，但端碗时粗糙厚重会给人以安全感，面碗在八点半的位置开一个拇指槽，端的时候更稳固，而在一点二十的位置也开了一个槽可以把筷子和勺卡在那里，喝汤时筷子和勺不会打在脸上。

如何"魅力化"一碗咖喱饭呢？

饭的造型像是一个白色的卡通（饭团），它在干什么呢？在泡澡（咖喱）。这样就把本来只有"美味"和"果腹"功能的咖喱饭人文化了。它的指向是

"卖生活",目标是年轻女性市场,女士们在逛街时如何做出吃饭的决策? 绝不是考虑营养和果腹。

一个普通高校如何魅力化自己? 去抢抢北大、清华们的风头?

今年高考后,陕西师范大学红了,因为他们用毛笔书法写的手工录取通知书:

- 他们坚持认为:用毛笔写录取通知书,这是高等教育的一个传统。2007 年开始,为了突出学校教师教育的办学特色,彰显学校深厚的人文底蕴和学术氛围,陕师大开始用毛笔和软笔填写录取通知书,每年都要写 4 000 余份。
- 为了增强通知书的书法艺术性,使通知书更具有收藏意义,学校首次邀请了校书画研究会的老教授和教师来写。
- 学校今年还专门试了好多种纸张,最终选定了一种纹理细腻的布纹纸。
- 这些手工填写的录取通知书,是不收回的,学生可以留作永久的纪念。

苹果电脑卖的是刺激,它的很多部件都极致化了,我本人买了一台AIR。本是冲着它的便携能力而买的,购买前对它的了解不多,仅仅知道它很薄很轻,但用的时候,很多细节的地方,次级的部件、次次级的部件,都被苹果做到了极致便携。

它的适配器，只有其他电脑的一半大，又比如，用苹果电脑，几乎不需要外带的耳机和话筒之类的东西，如果用惯了它的系统，根本不用鼠标，它的触屏比鼠标好玩好用。就连它的键盘，很多按键都做过优化处理。

国内企业和国际一流企业之间的魅力化产品的差异在哪里呢？

其实差异主要集中在三个地方：一是魅力化同企业理念之间的紧密程度；二是是否产品的次层级、次次层级都进行过"魅力化"的锤炼；三是产品内部有没有在企业理念之下的几个魅力化指向，而且在产品的各个层级，形成矩阵一样的排列。

苹果的"卖刺激"，它的官方说法叫"方便使用"、"易用"，里面还有细化的指标，便携只是其中之一，还有省电，还有简约，而且，每个指标都在各个细分层级中有体现……

差距是事实，但在实际操作中没关系。现在的"魅力型产品"正处于这个阶段，只求方向正确，竞争还没有那么激烈，企业可以在产品迭代上下工夫，而不是为了追求完美产品而贻误战机。

大家有没有发现，各大企业的产品总监其实都是"半路出家"。在此背景下，领先一步甚至只是时间上的领先，都会是诞生一个新巨人的契机。简单地说，早"干"早成功，晚"干"看别人成功。

把产品系统的威力加载在实体产品上

上文中的考虑，还是基于实体产品谈实体产品的，我们可以把思路延展一下，考虑产品系统，然后把这些要素在实体产品上体现出来。

给产品系统上加兴奋点

把产品延展，往往能发现一个产品群，这就构成了一个系统，我们

当然应该在系统上平衡兴奋点,我们在网上直接截取一段文字给大家做案例:

"一餐饭从前菜到主菜再到甜品是个系统,每道菜不是单独存在的。最初在开胃小菜里,配了韩国重发酵泡菜,但经过各种美食达人的品评最后被换成了四川泡菜,因为韩国泡菜酸辣太过猛烈,影响了后面沙拉相对清淡的节奏。而四川泡菜刚好,开胃且不抢夺后面菜品的光彩。"

这个案例是天然存在一个产品系统的情况,所以需要前后的"和谐"。更有意义的情况是把单品延展成系统,在江西,祖祖辈辈喝的绿茶为什么被福建的铁观音打败? 就是因为铁观音依托功夫茶的饮用方式,功夫茶的一套产品系统很适合交际,于是在高端人群中渗透奇快。

跨越产品系统,到人机界面加兴奋点

人机界面,简单的理解就是互动,产品和消费者的互动。我印象深刻的一个产品是国外某足球队推出的一款球迷 T 恤,瞬间夺人心魄——当球迷欢呼时,通常都会把 T 恤翻上头,这款 T 恤内面印刷了球星的头像,当球迷做这个动作时,球迷席上一群呐喊的球星!

　　这是一款创意咖啡杯。设计师推出的这款鲨鱼袭击马克杯，杯中一条鲨鱼正准备跃身而起。但你不要害怕，它能陪伴你，给你一份不一样的触感。当您想捉弄您的同伴或是同事时帮 TA 倒满一杯咖啡，当 TA 喝到一半的时候突然看到里面有一只鲨鱼露出头静静地等待着 TA，相信一定会惊讶。

魅力产品的定价

不要再次犯错：定高价还是定低价？

　　品牌是干什么的？起什么作用？品牌专家们有繁杂而且不容置疑的回答。然而他们的回答大多数是错的，他们多数认为品牌是溢价的一个手段。中国过去的 20 年营销实践中，证明这种认识是错的。原因并不在于品牌专家们读书读错了，而是在于把"品牌"这个元素放到系统中考虑，就会发生变化。

　　中国过去的 20 年营销史，站在营销系统的角度而非站在品牌的角度观察，有两个特点：一个是各行各业都是在竞争"吨位型"市场，也就是大众型市场，这种市场对价格敏感，"小而美"的市场很小而且不集中，几乎没有操作价值；另一点是企业基本处于抢地盘阶段，不同于西方的寡头垄断格局，即所谓的市场下沉、渠道为王、终端拦截等跑马圈地做法。

　　正是因为这两点，品牌的主要功能就不应该是溢价，而是帮助企业争夺市场份额。"大品牌，相同的价格"能扩大企业的销售规模，而更大的销售规模，意味着比对手更低的成本，意味着竞争对手会亏本，而本企业盈利，触动"强者恒强"的循环。这是过去 20 年中国营销成功的主要逻辑。家电业的格兰仕、美的，就是这么干成家电王者的，而步步高，虽然用品牌获取了溢价，最终在家电业被边缘化。

　　但是在"小而美"的时代，上述逻辑会不会再次发生改变，如何改变呢？品牌产品如何定价呢？

魅力型产品的价格,如何定?

魅力型产品,定价应该考虑什么?

在目前的市场中,其实有很多企业搞出了"小而美"的产品,但是,他们凭着直觉和对自己产品的信心,给自己的产品制定了高价,这种"理所当然"的做法是正确的吗?

这种定价方法当然可以理解,花费了那么多心思,对自己搞出来的产品前景有信心,怎么能定平价? 再说,现在定了平价,后面调高就很难了。还有,定平价不能支撑品牌。等一下,还有一个原因……

可以理解,但是不可原谅。很多案子就是定价失败,引发整个项目崩溃。

- 高定价就是收割,但在事业初期,收割不是最佳选择

产品如美女,虽然有几分姿色,但不是每个都能让消费者"不爱江山爱美人"。特别是消费者自购自用的产品,价格平实一点,消费中的"考量"就会少一点。

我们常常讲一家县城牛肉面馆的案例。3 年前,它开业的时候,产品含金量高(口感好,大家爱吃),定价呢? 每碗 4 元。相应的,服务几乎没有。而且每碗面中的牛肉多到顾客认为老板傻、实在的程度。

客人争相来占便宜,硬是把这个馆的名声传到了周围的城市,每日销售千碗以上。然后,逐步涨价,一直就没有停止过,现在涨到每碗 10 元,店面面积扩张了好几倍。而另一个县城呢,几乎同时,有一家鳝鱼面馆开业,产品含金量高(口感好,大家爱吃),初始定价在每碗 12 元,店面环境稍好,直到今天,依旧只是一个小的特色早餐店。

魅力型产品上市初期,往往能得到大家的欣赏,然而从欣赏到掏钱的距离,可以比"永远"还要遥远。

魅力型产品,中段价格,往往是国内企业的不错选择——低价会被当成"老白干",高价会被质疑"血统不纯",只有中段价位,能同时收获客户的拥戴和利润。满意的客户会向周围的朋友们推荐,那么企业也解决了传播面不足的问题。

● 牛掰的产品,也需要低价格来快速培养顾客

这是个更加值得认真对待的策略。

苹果手机1代,划时代的产品,魅力不可谓不足,而且它还有巨大的果粉做基石,不怕没销量。

但是1代苹果的定价是怎么定的? 当时索尼、诺基亚的高端机都在7 000人民币左右,苹果手机是3 300港元,我记得在一个月之间,这个手机就源源不断地从香港市场到了我周围的朋友手上。

不要说苹果为了进入大众市场而进行价格定位,后来苹果4上市的时候不也是7 000元?

生意的本质并不是商品买卖赚差价,而是创造和拥有顾客。所以不断吸引新顾客,培养顾客的消费习惯,是生意的前期必须打下的基础,值得一段时间中牺牲客单价。

小而美,并不意味着原始,连推广都要自然渗透,要动用价格武器,快速渗透!

小米手机的成功,被越说越玄,其实从开始到现在,小米手机的强势特征就是价格绝杀! 没有这个出色而有杀伤力的定价,小米的成功不可能是爆炸性的。

魅力产品的定价规则:极致性感,极致价格,不由你不心动,连挑剔缺点的空间都不给你!

如何盈利? 忘记价差利润,设计套利模式!

很多企业从理性上认同我们对定价的观点,但是,他们往往会提出一个问题"我们已经耗费了很大的资金和时间,我们需要盈利,需要现金流,怎么办?"

我们总是请他们回答另一个问题:谁说企业盈利一定要依靠产品差价?

朋友最近买了一台小米3。他告诉我,雷军在小米3上应该没赚多少钱。虽然其他企业总是在攻击雷军,说"不靠硬件盈利"是谎言,但是从中兴华为推出的高端机器来看,配置没小米高,价格也仅仅略低一点点。所以,

他买了小米3,很高兴,消费者不傻。

那雷军是如何盈利的呢? 前面我们提到了关联产品,但是那只是其中一个来源。小米销售达到了一定规模,它的预装软件业务可以盈利啊。更别说,雷军以小米为平台,获取的各类社会资源,资本市场的溢价收入……

羊毛出在狗身上,方法很多,这就是本书的“套利”的概念,将在后面的章节详细介绍给大家。

“魅力”、“隐销”、“套利”,三者构成一个更大的系统,在系统中出招,才能获取竞争优势。

产品中的无形部分魅力化

和产品关联很近的一些无形部分,不太好归类,我们把它放在这一节。无形部分,通常有三点:品牌、服务与售后。

品牌是烂大街的学问,而且我们的品牌观也是相当实在的:“产品基石没有了,品牌资产也就是废纸一张。”所以,品牌这种话题,我们还是尽量少谈,给读者节约宝贵的时间。

服务的魅力化

服务的魅力化,我们归纳起来,主要有两种来源:利用技术、依托员工。

利用技术把服务魅力化,这点非常“潮”,通常能使人印象深刻。大家在网上可能经常看到一些国外餐厅的报道,用了一些特殊的工具送餐。

2013年6月10日,伦敦“哟! 寿司”餐馆推出直升机送餐服务,飞餐盘装上由iPad遥控的缩微直升机旋桨,可将食品准确送到顾客处并悬停在手边。这是世界上第一种送餐无人机,该店宣称最高速度可达25英里/小时,但目前飞行距离只有约50米。图为客人演示拿食品。

这是一种指向“卖生活”的魅力化。其实,类似的手法国内早就有了,风波庄是吸引金庸迷的,里面的点餐服务员都是武侠打扮,开口就是“客官,来点啥?”

指向“卖生活”的手法虽然很有效,但是技术含量要小一些,还有另一种

"高技术含量"的——指向"借鉴"。

日本东京出现了一种快餐厅，里面是没有收银台的。进门处一个落地式的"点餐机"，上面是各类食品的图片，用手点点后，电子支付，就完成了订单。会拿到一张纸条，告诉你坐的桌号，然后在你找桌子的时候，后厨就开始为你制作了。这种手法，当然能满足白领们"节约时间"的需求，更要命的是，他能对商人产生吸引力，老板们去日本旅游，回来后对此念念不忘——这种流程上的改变，不仅对顾客增加了魅力，还节省了人工，提高了桌子的利用效率。

另一种是依托员工的。这家代理商代理多个国际品牌，他们需要提高营销手段，增加销售。按照常规思维，试了一些传统手法——搞促销，抓导购培训。结果发现没起色，消费者说"你们除了搞促销还会搞什么"，对活动普遍麻木，每天进店的客人，也没有从 10 个增加到 11 个。导购培训作用更是不大，每天接待客户时间不超过 1 小时，提升这个环节的效率有什么用。

行到水穷处，被逼无奈，开始更新手法，让员工服务"魅力化"，"卖生活"。店里都是年轻的导购，教他们每天看时尚资讯，编辑图文微博。当情侣来店的时候，他们试过的衣服，可以拍照，在微博和穿同款的女星对比一下。顾客不用做什么，只用把他们建好的内容发布即可。有外国人来买，正好，拍一张，下次和另一个男士对比，题目就是"我今天国际范了一把"……

然后，一款一款的衣服就通过人际圈子卖开了，而且，顾客都是什么人呢？非商即官！有大公司的顾客跟他们说，你们帮我们搞点 VIP 活动吧，我们的 VIP 也需要新鲜的玩法……于是，结交了更多潜在客户，销量直线上升。

售后的魅力化

售后的魅力化，多数也是指向"借鉴"。

各大公司的售后，都是非常麻烦的一件事，因为要本地化维修，所以需要签约当地的维修网点，而这些维修网点呢，往往是公司的漏洞之一。因为返修产品的实际情况企业无法监督，所以有很多钻空子的行为存在，加上维修点通常是"我上边有人"的人士承接的，所以，企业老板们都很头痛。

现在，很多企业都借鉴了卫星的维修思路："在过去，卫星放上去以后，要修起来是很困难的事，可是我们现在的做法是事先将卫星里面的设计好了可以遥控的维修系统，如果卫星失灵，我们可以在地面送一些讯号上去，也可以因此找出毛病的问题所在，如果情形不严重，我们可以在地面用遥控的方法将它修好。"

我就体验过一次这样的售后。2 年前，我买了一台戴尔，结果 7 天后老是出现蓝屏，我只好打电话给戴尔公司，心里还在嘀咕，他们 24 小时上门服务，不知道需要等多久，至少今天要浪费了。结果，戴尔给我转到了技术专席，电话指导我在电脑里找到一个文件，估计其作用类似"黑匣子"。在网络上把文件发给他们后，一分钟不到，他告诉我原因——我装了一个软件引发冲突，并指导我删掉该软件，用了另外一款。全程不超过 20 分钟！

在本节中，我们展示了一些案例，帮助大家理解，无形的环节，服务和售后，如何魅力化，如何指向"卖生活"、"卖借鉴"。那么，恭喜大家，手中又多了一个武器！

魅力产品系统要素之三——消费者

缩小顾客范围，是智造魅力的"快捷方式"

以前各行业都是关注的"吨位"市场，顾客差异也的确不怎么大，一网撒下去，当然希望网住更多的鱼。但是这样做，有一个弊端：无法照顾个性化需求。面对各色顾客，它只能"和谐""兼顾"。

我舅舅在菜市场卖肉丸，学艺时师傅反复告诫：要融合3种大众喜爱的口感才能卖得多，所以，这种产品最终"中庸"，它的原料、工艺、产品、运营、宣传往往不能贯通，这就是为什么"品牌"总像是自说自话得不到支撑，像"作文比赛"的深层原因。

现在不同了，做"大市场"可能在强大的竞争对手面前丢盔弃甲，不如横下一条心做"小众"（其实，中国的小众市场并不"小"且含金量往往很高）。

当你针对小众时，才能有明确的方向，各环节才能一致性指向，才能生出"魅力"。所以，"小而美"是魅力型产品的首选。

火锅行业的案例

在火锅行业，顾客中有一部分是情侣，如果果断的切入，必定可以走出一条新路。其实，澳门豆捞已经走到这条路上了，只是，她还没有彻底"小众化"，各运营要素还没有全部指向情侣：

● 选址和类型店

在一个城市中，应该选哪几种店址，分别起到吸引客流，深度体验的作用？可不可以有深山清风店，农田蛙声店？按情侣的关系递进阶段来设计不同的类型店服务方向？这样，火锅店才对顾客具有致命的黏性！

● 定价

如何定价，能在情侣间刮起话题风暴？可不可以在各类节日推出

10倍竞价,100倍竞价?（多支付的部分以非热点时段餐券返还?）

- 联盟

各地情侣酒店都这么火了,大量的情侣品牌兴起,如果在一个城市形成推广联盟互相推荐,还需要在大众媒体上做推广吗?

- 装修,菜品,原料,工艺,就餐流程,就餐工具……大有潜力可挖。

魅力化的精髓是同时增加魅力和降低运营成本（提高运营效率）,这一切,都是源于:"缩小顾客范围",只有把目标聚焦到靶心,才可能打出十环,是不是?

三种最有实用价值的"聚焦"方案

只要提及细分市场之类的概念,很多人就离不开教科书上的套路,那些东西像统计局用的东西,要灵活运用它的原理才对。还记得张三丰临阵教张无忌剑法吗?教到张无忌说招数都忘了,老人家才满意。

市场如蛋糕,谁说蛋糕只有书上那几种切法?

我们在咨询的工作中,看过很多"专业"的战略方案,其中关于市场选择的部分,用复杂模型搞出来的,感觉总是如隔靴搔痒,逻辑上不错,直觉上没有力度。真正在项目中,我倒是经常用三个管用的方法:

方法一:最自然的切分方案

最自然的方案就是客户的直观分类,只要你忘掉书本上的东西就可以看得到。情侣是不是火锅店中的一部分客户,而且是愿意支付溢价的客户?

官员是不是茶叶的客户,在办公室是不是很为难,喝好茶怕惹麻烦,喝普通茶对不起自己?

谈起理论,这些也逃不过理论的客户分类,场景分类之类的……但是,市场人不应该用理论的尺子去量市场,你们就是游在河里的鸭,河水变暖脚掌早就知道了,还需要下个温度计去测河水的温度吗? 那些温度计是给岸上的鸡用的!

留个问题给大家:如果我们切换到咖啡厅行业,用什么方法挑战星巴克? 能做到它一半的销售额?

方法二:另一种自然的切分方案——吸引非消费者的人群

最近很火的小米手机、乐视超级电视可以说都是吸引了原来消费不了高端产品的人群。

那个著名的美国案例,西南航空公司,其实吸引的也不是传统的客户,他们是一群原本不打算在短途城市间旅行坐飞机的客户。

茶产业就面临这样的机会,茶产业没有必要同白酒产业一样把视线扎堆在高端人群,扎堆在老茶客。茶本来就是一种品饮非常便利,使用人群非常"宽"的一个产品,不喝茶的客户中,隐藏着巨大的金矿。

方法三:超级惊艳的聚焦方式——跨界争夺"场景"

现在的年轻朋友会像 10 年前的年轻人吗? 他们会"老实"学习花的知识,给女朋友送花吗? 会担心送错了吗?

不会! 他们会考虑送其他的品类,更新奇,更体现爱心!

这就是这个时代的特点,消费者不受"正统的知识"(其实也就是古老一点的商业鬼话)禁锢了! 于是场景拥有了含金量。

把你的产品跨行业地定在场景上,去为高含金量的场景服务——升学、第一次牵手、第一次用工资给家人买礼物、升职后的第一次差旅……

中国的土特产,当地农副产品,你需要跨行业定位,重新魅力化,去争夺顾客!

你的心,动了吗?

更普世的方法：改变消费者的流程

泰勒的方法可以用在营销领域

每个人都知道泰勒,大多数人也知道生产上搞的流程设计与优化,这套方法在生产上已经得到非常广泛的应用。

可惜,营销上用得就不那么普遍了。至于想到去改变与优化顾客的流程方面,能见到的案例,凤毛麟角!

给大家奉上一个案例:

大家都见过公共厕所的挂便器,男士们尿尿的自然流程是什么? 当然是"自顾自"的爽了之后,随手按一下按钮冲水,"随手"的后果是有人没按到,次数多了尿液会漫出到地面。然后"厕所客"的流程又会自然变成这样:站远点"嘘嘘","嘘嘘"完了更随意的按一下冲水按钮(其实很多人看到厕所脏,猜想大家都不按,我为什么要按?)。于是厕所就会更脏。这就是公共厕所的一个"痛点",男士都知道。

阅读到这里,我想大家都想到一些解决方法……我这里给你的是一个比较特别的:

国外有一个啤酒公司就在这个方面入手,整个流程中,按钮这个动作是薄弱点,加强它! 于是,他们给全市的公厕加入了一个游戏屏关联到冲水按钮,当你按一次冲水按钮时,屏幕会出现类似老虎机的画面,出现 3 个同样的啤酒包装画面,你

87

就可以得到一箱啤酒！

大家都是聪明人，可以自己想到这家啤酒公司的收益，免费广告啊，超强大的接触率啊，话题啊，媒体风暴啊……就不一一列举。

改变你的顾客，这里面有座巨大的金矿！

改变消费流程：一个"普世"的金矿

大家一定听说过一句话：将军赶路，不追小兔。这句话的意思是要有眼界，在宏大的事情上坚持。比尔·盖茨的父亲曾经问过巴菲特，什么是世界上最宝贵的，巴菲特的答案居然同他儿子的答案一样：坚持。

可惜社会上的人大多数不是"将军"，即使是"将军"，也不会在每一个小领域都达到"将军"的水准。所有人都很容易为"小兔"而改变！于是，营销者的机会来了，你可以设计"小兔"去改变你的顾客，让你的顾客的冰冷化为"绕指柔"。

另一方面，如果你了解近百年来的西方工业文明的本质，就不难发现，无论是消费购买流程，还是消费者自身的生活流程，只要是"自发的"、"自然的"流程，其中必然存在"BUG"，我们完全可以去改造这条流程，把我们的商业元素加进去，这就是这种方法的原理。

理解了这个原理，就能知道这是一个普遍性的机会，所以说是一座大金矿，更有"普世性"和"爆炸力"。

改变顾客流程，创造出新市场

一位做女士内衣的企业试图针对零售市场推出一个高端品牌，已经请了大牌明星拍画册，找品牌公司编制了一套品牌手册，找设计公司设计了专卖店。但她总是感觉不踏实，这套东西能打动客户吗？

我告诉她，这些套路化的方法，即使在细节上做得再好，可能也不会有市场爆破力，难以颠覆行业格局。如今的大经销商都是"地产商"，依靠手上的好店面去找大品牌代理，这就是行业的格局，他们不太会敢为"更好的新品牌"去更换门庭，因为他们本身就需要依靠老品牌的聚客成交效应。而按照老套路,高端品牌的孵化期又必须要依托一线的店铺,这是非常重要的一环。

在这种产业格局下,不如换一条路径去撬动产业资源向自己集聚。如何换路径呢? 改变消费者的流程,创造出新市场。

高端内衣的消费者是怎么买内衣的呢? 如今高端内衣都是功能型内衣,女士都是买来矫形的,所以都是私密型的购物方式,在商场去听导购的专业建议,然后买回去。

这里存在颠覆的机会:只要把这种品牌的内衣定义在"爱情仪式"的范畴就可以破局。

- 改变对象及动机:这种内衣品牌是男友送给女朋友的,代表一种认可和仪式

这样做,消费流程变成一个爱情节点,比如女士确定拍拖关系,接受男友的馈赠。女士自己掏钱和男友掏钱买的档次之间,明显存在很大的落差,整个消费量比较容易获得突破。这样做,虽然表面舍弃了一部分年龄大的职业妇女,实际上并没有失去多少,因为该品牌的"轻美体"产品不是强力塑型产品,大龄女士不会选用。

- 爱的表达:这种内衣品牌是"批发"式承诺的

即一笔较大数目的初始款项,支付后面连续 3 个关键场景:确定关系,未来女婿上门,新婚。可以由女士过来选购定制,款项从男士款项中扣除。

- 扩散顾客:这样的概念,一旦受到市场认可,当然可以发挥互联网的优势

在推出前就可以有测试版、工程版、公测版,从而拥有各地的粉丝,拥有粉丝就是拥有销量,当然可以吸引经销商们拿出好门店。

在上述的目标下,必须配合全书中的手法,在产品、生产要素、推广手法上进行"魅力化",只有这种"一致性"地打通产业,才有可能在内衣行业重新搞出一个中国版的"维多利亚的秘密"。

读者可能疑惑,为何中国的维密到现在也没有出现? 除了上述的思维颠覆,企业本身是否有执行这种战略的定力与坚持,也决定创意或战略洞察的效果。

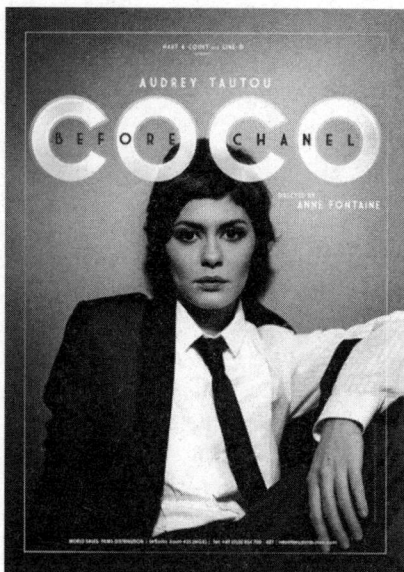

或者还有人会说，维密秀如今已成超级好莱坞大片，国内企业哪有这个实力？

要跟有这些想法的人说什么呢？请他们去看奥黛丽·塔图主演的电影《时尚先锋香奈儿》，看看现在被明星当做神品追捧的奢侈品牌 Chanel 是怎样诞生的吧！

改变顾客流程，抢夺生意

无论手上是什么牌，打法有时比单纯牌的好坏更重要。如果能够改变顾客购买流程，即使是平常的产品，也一样可以将顾客截流。

这个朋友是我多年的朋友，年初，交了几万块钱，承包了一个快递公司的网点。这个网点在武汉的郊区，发货多，收货少，没什么钱赚。

帮他出主意是少不了的，我用关联的思维，年初给他提议，让他一边整租私人楼房，一边挨个去找武汉的网店，说服他们把仓库搬到郊区来（省钱）。这样，帮人找廉价仓库，还可以提供日常维护，快递业务不就顺理成章接下了吗？接网店业务，哪怕一单赚 1 元也比家庭业务一单赚 5 元强啊。这哥儿们执行力还真强，现在已经承租了 3 栋私房了，后面的租户，可能还让他做了二房东。

这个案例中，为了帮他抢夺顾客，我显然没有考虑营销的 4 板斧——产品、渠道、价格、促销，即使它风靡全球，也并不意味着只能从他的招数中去选择。

我是研究了他的客户的业务流程，找出其中的痛点，然后给他做了业务流程上的"套利"，顺便融入了我那哥儿们的商业要素，生意也就自然抢夺过来了！

魅力产品系统要素之四——相关企业

从竞争对手处智造魅力

竞争对手,一个常见的要素,大家有没有想过,这是一个重要的制造自己产品魅力的来源?

要轻幽默,不要互黑

一个人的叫卖,司空见惯,老百姓当然不关注。如果两个企业发生一些竞争性行为,很容易成为媒体和顾客的话题。

只是可惜,企业往往赤膊上阵,互相揭短,互相利用水军"黑"对方,最后往往大伤元气,"同行不仅是冤家,还是仇家"。这几年的 3Q 大战,水源大战、王老吉与加多宝、支付宝与微信支付……都是如此结果。

相声、东北二人转,两个演员互相丑化揭短,度把握得很好,引发观众一片笑声。引发关注的竞争性行为,必须带来增值!

我们先看几个案例,看看企业是如何利用竞争对手的:

Fedex 和 DHL 是两家竞争的物流公司。Fedex 的运输车是白色的，又一次，他们把全国的白色车车身上喷涂了这图案——后半部分涂成 DHL 黄车的模样，开在公路上，很容易被误认为是两辆车先后而行，车厢上的文字写道："Fedex 始终比 DHL 快一步"的广告。

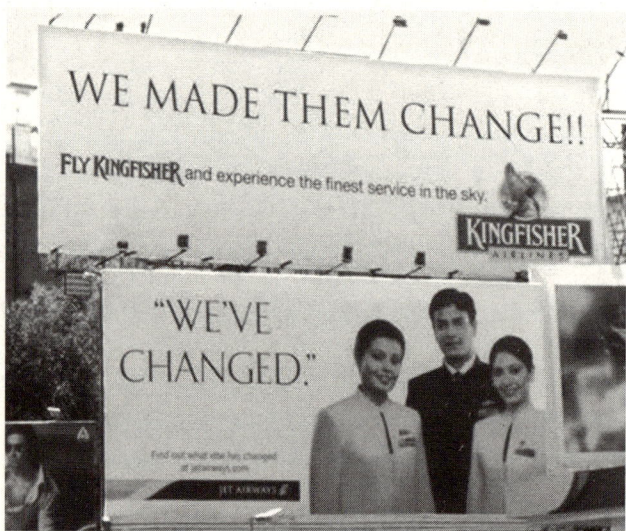

印度最大的航空公司之一 Jet Airways 声明说，"我们改变了"；于是 Kingfisher Airlines（另一家竞争性的公司）也做了一个户外广告，发布在其广告牌上方，写道"是我们逼他们改的"……

这种思维方式是轻幽默，小小的利用对手"拆台"一把，要展示企业的智慧，不要互相揭短，不要请水军互黑！

在次次级环节体现幽默

可口可乐在印度一个城市中开了一家体验店，为了方便顾客，在街道上做了一块广告牌，上面写着："可口可乐，请上二楼"百事可乐公司发现了漏洞，于是连夜制作了一块广告牌，上面写着："百事可乐，哪里都有。"

　　国内也有这样的案例,湖南一个地级市的电信推出了 480 元包年的家庭宽带业务,为了增强记忆度,用了一个"深 V 低胸装"的美女,主题是"不能再低了,家庭宽带 480 元包年"。当地的联通不久也推出了一个类似的产品,360 元包年,用了类似的宣传画面,用了一个露背美女,主题写道:"换个角度,还可再低!"

　　这都是在细节的经营行为中,利用竞争对手的方法。

　　我们认为,传统的推荐式广告已死,在魅力产品时代,拿竞争对手幽默一把,是广告这种手法不多的"复活"领域之一。

从物流环节智造魅力

　　这节我们探讨一下物流环节,这个分类是延续"相关企业群"的逻辑而来的,实际上,物流不能代表所有的"货物交付"形式,我们真正需要研究的对象是:货物交付环节。

市场上曾经成功的案例

　　很多企业在货物交付环节做出了增值,赢得了竞争优势:

　　● 小丑鲜花店

　　这可能是最早依托"货物交付"环节形成竞争力的一家企业了,他

93

的特点就是"小丑送花"。

"我们的快乐的小丑身穿魔幻小丑服,风趣幽默的肢体语言和神秘的魔术表演,能够更好地活跃现场的气氛,带来高质量的魔术表演,能给你孩子的生日派对带来很好气氛。当您的爱人在众人惊艳的目光中从我们风趣幽默的小丑手中接过一束美丽的鲜花并快乐地享受着小丑魔术给她带来的欢乐时,您是什么样的感觉!"

这个特色曾经受到消费者的追捧:"小丑鲜花每年我都会收到一束,不管是生日还是情人节还是吵架后,总之每年一束。服务很好,每次收到都会让单位的小姑娘们很羡慕。哈哈哈哈。"

这是2012年7月份在大众点评上的一个评论,看来虽然经过7年时间,这种形式依然有不少消费者喜欢。

● 凡客

凡客当年能在快递包装上花费心思和巨大的成本,的确非常了不起。

"两年过去了,我没有再从凡客上面买东西,直到有一天我发现网络上铺天盖地的都是凡客的广告,忍不住又去翻了翻,这下我看到好多的留言评价都是凡客的包装很仔细,包装很精美,包装很专业,这跟我印象中的好像不符,于是我又对凡客的东西蠢蠢欲动了,上次不再买是因为那包装太烂了,现在大家都说包装很好,那是不是就是包装很好了呢,于是我成了凡客的回头客,第二次东西还是我自己下去取的,包装真的很专业耶,于是我又买了第三次,这次是人家给送上来的,第四次⋯⋯"

凡客擅长市场推广,他们还"推动"了消费者围绕包装盒做出各种生活小物件,一时间,俘获了不少消费者的"芳心":

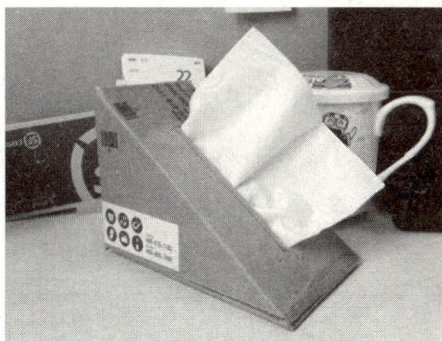

虽然数年后有人说凡客的这个包装策略有不妥的地方,但是,无可否认,这个包装,在网络流量获取成本越来越昂贵的背景下,帮助凡客快速地奠定了市场形象和市场地位,获取了大量的首次购买人群。从事实上看,是非常成功的。

总之,都是在货物交付环节,激发了消费者的话题和想象。

交付环节魅力化:突破行业格局的利器

这些成功的案例不是全部,以后会有各种的新方法涌现出来。然而原理都是一致的,重视货物交付环节,做出魅力!

如果您以为这是一个小创意,只能起到锦上添花的作用,对事业帮助不大。那么,您可能没意识到这种方式的潜力:它可以作为战略手段改变企业的生存地位。

珠宝业是一个表面光鲜的行业,上下游都被人"吃定"——原料钻石被国际公司垄断,店面被商场垄断。国内有很多"品牌"生产厂商,面对如此的产业格局,也很无奈。看起来高昂的毛利,都被上下游拿走了,面对越来越大的竞争,怎么办?

面对这种产业结构,最佳的方式不是做好品牌,做大规模——好多企业这样做了,几轮拼杀下来,除了成功上市圈钱的外,没有多少获得真正的盈利的企业。在这种格局下,要想在市场上赚到钱,恐怕还得在改变产业格局上动脑筋。

钻戒这种产品,消费人群非常集中,很大一块是结婚消费,在婚礼上,送婚戒是非常重要的一个仪式。目前仅仅靠几个皮包婚庆公司策划点子,显然不能得高分。如果在这个环节做文章,倒是可能成就区域性的王者,因为婚戒本身就是一个体验性非常强的产品。

怎么做文章呢,肯定不能按上面几个案例中的思路,那些小动作很容易被同行模仿,需要考虑高门槛的方案。

钻戒能否需要整合婚宴和娱乐产业,站在婚礼体验的角度上做好"产品系统"的设计呢? 如在大城市周边打造一个"爱情小岛"或者"爱情沙滩"专门承接婚宴,后向整合喜庆产业、娱乐产业和旅游产业,可能既能在市场上获取竞争优势,又能上市成功。

本土钻戒品牌可以换个角度思考如何销售:不要再说一颗恒久远之类的废话,在租金最高的商场里装修店面,等客上门,然后品牌力还拼不过国际、香港老牌。从购买者的生活入手,从顾客的痛点开始,从魅力化交付环节,反向切入钻戒消费者真实的生活场景!

从供货商处智造魅力

本节同上节一致,逻辑上是讲述供货商,更为本质的是原材料环节,如何让原材料环节魅力化?

● 传统的方式:次级品牌背书

以前,企业做"品牌",常常会用到次级品牌背书的手法。这个手法的定义,不太好精确地描述,我们简单地列举一些案例:

当一个手机公司声称自己产品的芯片是高通,显示屏是夏普的时候,它就是在使用次级品牌背书的手段,它用高通,夏普来给自己的产品加分。

当一个茶叶公司声称自己的茶园在武夷山时,它也是在使用这个手段,它用一线产地给自己的产品加分。

当一个服装企业花费血本挤进大洋百货、连卡佛百货时,它也是在使用这个手段,它用渠道品牌给自己的产品加分。

这些都是常见的手法,只是,运用的层级有高低。10年前地摊上的领带,盒子上写着"高级领带"、"中国·上海"是这种手法;一个企业家的办公室里,挂一个大大的PS过的合影,上面和某位省级领导站一起,是这种手法;当你在高端杂志上看到,某4 000元一个的拉杆箱,突出他的材料是航天级的某某高科技纤维时,也是这种手法。

● 魅力化手法:逆用次级品牌背书

我们可以逆向使用这种手法。有一个企业家,他生产家具用的铰链,五金类产品,通常这种B2B的商品都是在"项目"上做营销。他卖的是规格较高的铰链,很厚实,承压力高,价格和其他厂差不多。他请不起厉害的业务员,他想到另外一种做法,他找了佛山一堆二线品牌、三线品牌的浴室柜生产厂家,告诉他们,它的铰链能帮助他们"打品牌"。只要告诉消费者用的是大品牌的五金件就行。

然后,他自己在网上做了"优化"和"美化",消费者通常对这种信息都是来源于网络,按它的品牌名搜索,出来的都是各类"专业人士"、"用户"充满显摆倾向的介绍……同样的价格,能在销售端起到作用,小厂家都愿意做。所以,他的生意就此打开。

如果我们既是买方企业,又是原材料供应商呢?自己给自己打造一个次级品牌,然后依托这个次级品牌给自己的品牌背书,行不行?

我们觉得是可行的,现在"最美山村"、"最佳××园"的打造空间大得很!简单地说,你要推出一个酒,品牌叫"毛台",可是品牌很难建立,你可以先推出一个拥有最佳河水的"红水河"。

国外很多伪大牌,打下中国市场,就是运用类似的手法。三分虚、七分实的生意之道。

● 魅力化手法：融入消费者

另一种魅力化的手法是融入消费者，我们依然以珠宝行业来讲述。国内的珠宝行业普遍头痛，然而，同样的产业格局，国外就有"小而美"的企业，大把大把地捞金，而且魅力四射。

国外有一家企业，专门做人工合成钻石，这家企业推向市场的产品就很"小而美"：

一些美国民众在陪伴自己多年的宠物去世后，不惜花高价将挚宠物的骨灰拿到这家企业那儿去制成钻石。有人将自己银灰色宠物猫的骨灰加工成两颗钻石，镶在自己的戒指上；有人将一只茶杯大小吉娃娃的骨灰制成一颗淡蓝色钻石；还有人将一只猫的骨灰制成了一颗黄钻，以纪念这只有着黄色眼睛的黑猫。

如何瞄准非婚庆类钻饰？比拼设计能力？比拼工艺？比拼品牌？在等级上玩猫腻比拼价格？这家企业给出了自己的选择——融入消费者，这是经典的"卖生活""多点联系"的案例。

魅力化你的原材料，你就会变成了另外一类产品，另外一群易感人群（买单者）——你的竞争环境、对手，甚至竞争手段等，都会发生有利于你的资源与能力的变化。

魅力产品系统要素之五——社会

社会，是系统中的一个特殊的要素，它的应用，不是拆分它的次级要素，从次级要素中去寻求魅力来源。"社会"的魅力源就在本层级中，无需向次级要素寻求，而且，魅力源需要依托"产品系统"中的元素来表达。本章的后半部分，我们讲述"社会化魅力"在品牌、实体产品、组织中的力量。

正能量——一种社会化魅力

恶俗社会的幕后推手——商业力量

有人说"营销赢了，社会就输了"。这是目前本土营销的一个乱流：营销人和媒体狼狈为奸，为了获利，给社会不良导向。

武汉有一份报纸,其上面的新闻,80％都是一些非常恶俗的新闻。今天我为了找案例,买了一份,果然很快就找了两个案例:

案例1:出租屋内拍到女鬼　房主害怕忙烧纸钱

"租客向房东张女士展示了一张照片:好端端的墙面上,竟然有个鬼影。租客声称这导致精神压力太大,要求退房。……这张照片里竟然有个披头散发的'女鬼'。张女士一看就吓住了,想到丈夫就在屋内离世,她当晚就回家烧了纸钱……"

然后就是一番惊吓,一番调查,最后有人发现,"女鬼"原来是某手机拍照软件加上去的。

案例2:"土豪"为求婚花20万买1000双鞋送网友

几天前,厦门男神许某为求婚,在微博征祝福,并承诺买1000双女鞋送给到求婚现场助阵的网友!23日下午,成都某广场,许某为女友换上"水晶鞋",求婚成功!前来捧场的网友也如期领到女鞋。据称,许某送千双鞋花费约20万!

后面有一些表达媒体"公正立场"的内容,什么发现给网友派发1000双鞋的亲友团都是某鞋城工作人员,等等。

上述新闻,都是各类"营销人员"、"策划人员"搞出来的"高回报率"的案例。对于客户来说,无论是软件公司还是鞋城,都是投入小,见效快,影响力大。媒体也实现了非广告版面的"创收"。唯一受害的是社会,当居民天天被这类新闻所包围时,武汉收获"最世俗的城市"的荣誉称号也不足为奇。

武汉并不是唯一走在这条路上的城市,整个中国都在往这个方向前进,只不过程度不同而已。

菜花,上正能量

企业和策划公司这么做,可以理解。大家都在潮流之中,又要生存,于是不得不做。

但是，似乎事情有了变化……

娱乐界以前也是放大老百姓的"贪、嗔、痴"。女星拍 MV 会选择撩裙子露内裤，赵本山年年展示"卖拐"、"我姥爷也姓毕"之类的"市民智慧"好像也深受欢迎。可是，突然 2013 年春晚一扫往期的"低俗调调"，来点"主旋律"，老百姓表现出了超乎寻常的拥护……

输出点"正能量"吧，难行之路，成就更大。

把"正能量"注入品牌

在普通型商品领域，已经出现过成功的案例：

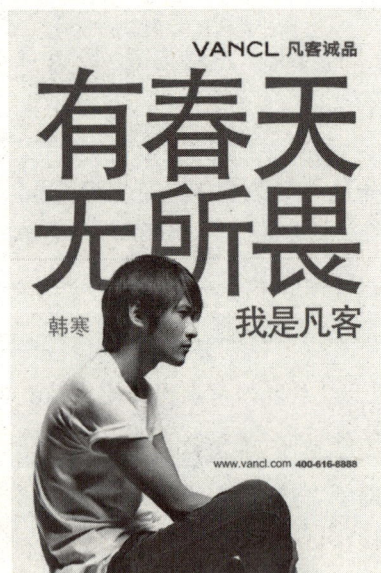

哈哈，2B青年
呵呵，苦B青年
嘿嘿，牛B青年
不管2B，苦B还是牛B，绝不装B！

小米手机《嘿嘿》春晚广告预告片
#看广告 得100台小米#
xiaomi.com

VANCL 凡客诚品
有春天
无所畏
韩寒
我是凡客
www.vancl.com 400-616-8888

魅力，很重要的一个发源地是来自时代！每一个时代，都有他的痛点。只要企业能嫁接这个痛点，就能处于风口之中，"猪都能上天"。

问题是，您用什么角度去理解时代？

有人去参观鲁迅笔下的百草园，说："狗屁都没看到"，问题是，鲁迅怎么就能写出那么美的《从百草园到三味书屋》呢？

金庸笔下的绝情谷，看起来如同仙境，可是恰恰是最肮脏的地方，而虚竹的枯井，却诞生了最浪漫的爱情。社会中不起眼的"枯井"很多，等待你去发现……

从"身边事"洞察中国社会，不难发现这样一个现象：

当一个职业被讴歌的时候，大家都不愿意去干，比如 20 年前的医生、老师、警察。

当一个职业被千夫所指时，大家都想自己去干，或把女儿嫁给这种职业的人，比如现在的医生、老师、警察。

我知道你想到了很多，不错，您想到的都是正确的。不过，我们只想抽取其中一条——弱者通常把道德，公德挂在嘴边。

弱者吐槽，机会来啦

商业的发展与颠覆都是联合弱者，重整一条新产业链而成功的：

联发科帮助打工仔圆了老板梦，同时搞出了一条新的手机产业链，于是摆脱了被诺基亚盘剥的命运。

众多企业玩渠道下沉，不正是联合了相对弱势的二、三级经销商，然后拉动了产业链的效率？

马云更厉害，淘宝的发家，靠的是聚合了弱势的中小企业、个体户，弱势的消费者（以前的商业都是厂家联合商家，费用由消费者买单），成就了一个商业帝国。

我们回过头来看看前面的小米、凡客，是不是肯定了弱势群体，让消费者不用打肿脸充胖子买 7 000 元的手机、800 元的文化衫？让实用型的消费者不再感到面子上无光？

社会存在很多扭曲的地方，让各类人心里很"堵"。输入正能量，这些人会为你痴狂。如何找到这类人呢？不用找，他们正在吐槽呢。

得屌丝者，得天下

他们不富有，消费力也很弱，但是在为自己代言的品牌面前，他们恰恰是最舍得掏钱的，甚至，为了自己喜欢的手机或者给六间房里喜欢的主持人献花,把一月工资的 80% 花掉。吃什么？方便面。

现在,你能理解魅力源头来自社会的说法吗？

对于魅力型商品来说,更会受益于"正能量"。原因是这种产品的目标客户不同。

"小而美"的东西,往往第一批客户是高能量顾客,这群顾客,无一不是各自领域的精英,他们有共同的特点：独立思维能力高。他们能洞悉社会上的各类不良现象,从内心深处是鄙视这些恶俗的东西的。企业如果能立足于自己的产业,提出新的见解,有可能会获得巨大的成功。

群体思维的对立面,往往有巨大的财富机遇。

社会化魅力注入实体产品

服装业：用产品表达时代

服装行业,很多今天的大品牌,崛起之时是借助对社会的洞悉,打破了产品的"行业定式"而获取成功的。

品牌 Paco Rabanne,创立的阶段正值 1968 年性解放运动,它突破性地采用了闪烁的金属片(现在很平常,当时如外星产物)来修饰它的晚装,强调性感的风格完全打破了传统的高贵华丽的风格。简·方达非常喜欢这个品牌的衣服,这个当时的巨星主动到 Paco 的工作室要求定制礼服。

乔治·阿玛尼,这个大家熟悉的品牌又是如何做男装的呢？

当时的欧美服装经历了两个极端,第二次世界大战结束后的风格是极度阳刚。原因应该很好理解吧,战争时期的男人当然以坚强勇猛为傲。到了 1960 年代、1970 年代的时候,战后出生的一代成为社会主流,这一代人叛逆过头,他们搞出了反主流流行文化,例如嬉皮士、朋克、吸毒、性泛滥等。这个时候,磨出窟窿的牛仔裤、画着美女的皮夹克是服装主流。

乔治·阿玛尼在这种社会经历极端风格转化的时代做出了怎样的选择？在 1980 年推出了"权力套装系列"用中性风格赢得了世界——收腰、柔美的线条、大大的翻领,完全颠覆了之前男装的标准模式。

今天,我们依旧可以看到借助社会洞察,打破了产品的"行业定式"而获取成功的品牌。

　　现在的青年人，早已不愿意去学习刘德华时代的中规中矩，站有站相、严肃而彬彬有礼不是他们需要的，所以传统类的"正装"他们不喜欢。

　　他们也不愿意去学习陈道明式的儒雅，所以"休闲类"的服装，他们也不太喜欢。他们喜欢练就某一项绝活，外表痞一点，不经意间用绝活"耍酷"，赢取人们的赞叹。

　　日本的品牌坤福，就是以这样的洞察去生产他们的产品的，坤福的牛仔裤，版型完全放弃了修身的设计，大胆多色的印花，一副哈希风格，在年轻的潮人心中，早已取代了 Levi's。

产业，需要用新的理念重置

在中国，有没有产业能够利用这种思维方式？

当然有！首先是服装业。

我们认为，目前国内的高端成衣产业，希望成就像欧洲奢侈品品牌一样的地位，无论是目的还是手段，都有太多的"临摹"、"学步"痕迹，这个努力方向是错误的。在这样一个行业中，没有自己独特的时代洞察和产业见解，恐怕永远都不会崛起。

其次是食品相关产业。

现在食品企业获得了普遍关注，然而食品企业似乎没有把握住这种机遇。他们的思维太线性，既然老百姓要安全，我就证明安全，于是从源头开始把控，成本无限高，老百姓依旧不相信，事实上也的确存在很多环节，不可避免地出现一些"不安心因素"。

一个调味品行业的业务员说，他的经销商每个月都要干同样一件事——改产品上的生产日期，有的产品都改了好多次了。我买过一瓶郫县豆瓣酱，放在橱柜深处忘记了，4 年以后，当我找到这瓶用过一半的豆瓣酱时，它依旧没有变质的迹象，对我来说，这是多么恐怖的一件事！如果放弃一些大工业生产的固定思维，放弃一些"畅销全国"的幻象，放弃一些快消品的行规，做一瓶可以提示你"很快会坏的豆瓣酱"、"员工敢吃"的豆瓣酱呢？

产业，需要用新的理念来重置。

社会化魅力注入组织

华西村：将魅力注入组织，获取双重回报

当全中国都在谈论和学习"现代企业管理"时，华西村坚定地保留了当时被称为"吃大锅饭"的集体所有制。如今，华西村成了中国一绝：

● 从居民生活水平看，住宅是清一色马赛克装饰的多层别墅楼。每个家庭都拥有三间三层别墅楼，水电气俱全。内有客厅、卧室、餐室、浴室、车库、庭院。2011 年，华西村村民每户出资 1 000 万元，筹资 30 亿元人民币建起的高 328 米的"黄金酒店"——龙希国际大酒店。全国有几个地方有如此水平？

- 从业务看，江苏华西集团公司是全国先进乡镇企业，在 2005 年度公布的中国企业 500 强中，该集团名列第 94 位；在中国制造业企业 500强中，名列第 41 位；在中国综合类制造业中，名列第 5 位。而且，华西村还成为国内一流的旅游点。

在一个"迷信"西方管理思想的时代，一个鲁莽的否定自己过去的时代，能坚持"集体所有制"当然是一种来源于社会的魅力。这种魅力，获取了两类回报：

- 始终坚持集体主义原则，努力发扬"艰苦奋斗，团结奋斗，服从分配，实绩到位"的华西精神，走共同富裕之路。在事业的初期，降低了组织摩擦，保持了事业的发展速度。

- 在事业初步成功后，华西村成为全球"左派人士"的圣地，源源不断的报道和游客带来了更大的成功。

这个案例，就是我们今天想探讨的内容：把社会化魅力，注入组织中去。

组织，社会化魅力的宝库

为什么组织中能承载社会化魅力？因为组织本就是社会的范畴，中国企业摸索了 20 年，如同中国足球队，谦卑而虔诚的学习过各国的理论，然而依旧问题多多。在中国的企业中，小企业缺人才，大企业内耗严重，是老板们心中永远的痛。

西方的理论在中国的实践几乎是一塌糊涂。从表面上看，很多企业厂房宏伟，设备先进，员工服装统一，甚至行为规范——在非工作时间可以做到"三人成行，二人成列"……然而实质上呢？有多少企业家敢说自己企业的潜力发挥出了 50%？

老板年年鼓动员工"明年再加把劲，只要达到××，我们员工们就会××"，画饼充饥。员工则看起来憨厚，其实个个"余则成"，开会时慷慨激昂，工作中串通一气，搞各种体外循环、体内循环。

于是企业没有了西方理论的前提——契约社会不存在了，大家都不择手段违反契约。如同中国人排队，老实排队的人，总是吃亏的人，于是大家都插队，最后整体效率奇低。

有痛点，就有潜力。所以，社会魅力，可以在组织上体现出来，可以帮助企业散发魅力。

组织魅力的三大要害

我们不是组织专家，但是我们有一些朴素的组织思想。在这个人人学习理论，用专家的理论去看世界的时代，也许有时我们用常识去看到的世界，才是真实的。

魅力型企业，在组织上发挥社会魅力，有一个非常重要的前提：员工人数少而精。任何理论都有一个前提，所有社会主义理想，必须有一个前提：具有自觉精神的人。组织也是一样，当人数多，而且大多数是忙于生计的员工时，搞人性管理的难度是几何倍数增长的。但是魅力型企业，相对难度较小。

中国式组织一直有三个没有解决的痛点：（1）一山不容二虎；（2）分配不均（不公平）；（3）僧多粥少。这三个痛点，由实到虚，又由虚到实，涉及组织的文化、机制、结构三大核心问题。

要建立魅力型组织，需要直面有历史根源的现实，更要洞悉传统下的人性。在人性角度思考，组织的魅力化，必须要满足三大要点：良好的分配机制、违规的处罚力度、凝聚人心的文化。

1. 良好的分配机制

可以借鉴美国开国领袖的智慧——制约巧妙的剥削。企业主往往有各类智囊团的支持，可以在各类公平条款、周期性设计、二次分配上动手脚。让流到员工口袋的钞票又流回来，或者等待分配的蛋糕最终无人拿到。

这些高妙的设计往往具有相同的结果：初始获利，后来不知触动哪条多米诺效应，再也没有单纯卖力的员工，企业再也没有竞争力。对这一条要点上的决策，考量的是企业家的大智慧。

2. 违规的处罚力度

可以借鉴淘宝的智慧,同样是那些生意人,因为有差评公示和 7 天退款的存在,服务水平立马上档次。精通中国古老智慧的法家,认为只有各类违规得到举报、得到处罚,才能保持组织的基本运转。否则,就像对医院巧取豪夺没有通畅的举报管道,没有及时的处罚,医患关系就会持续紧张、互不信任,就会出现越来越多的"医闹"事件,无论怎么呼吁、怎么给医院配备警力、怎么严惩都没有用。

3. 凝聚人心的文化

有了企业家的大智慧,有了"法家"的制度,才能建立"儒家的人文",才能构建企业文化去凝聚人心。这时候的企业文化,才能有人相信,有人为之付出。否则,就是"和稀泥"的儒家文化,就是挂在墙上的雷锋像,不要也罢。

有了这三点,什么组织理论都好用了。希望有企业能早日建立起组织魅力,从内部散发能量。魅力组织,会让企业的品牌、产品也变得有魅力。

想想给员工请按摩师、丰盛的下午茶、可以睡觉的办公室,或者在家办公,这些令人流口水的魅力企业,媒体与职场人士的热议话题,主动报道、口碑相传,品牌不胫而走,省了多少传播费用!你现在还会认为魅力组织,与魅力产品无关吗?

牢记魅力这个词,忘掉土豪式广告才能出彩的教条,无论你是什么规模,都可以运用魅力化方法,让你的产品光芒四射。

第五章　隐销无形

营销环境巨变：来自新技术和顾客的双重冲击

● 新技术拆掉了企业的护城河

传统企业的营销，很大程度上是依托一条护城河来构建的，这条护城河是信息不对称，俗称"买的没有卖的精"。现在这条护城河的作用基本丧失。

消费者在淘宝、京东、大众点评上可以随时看到其他消费者对一个商品或者服务的评价，当这种评价的数量达到一定基数的时候，就会发现有"专家级"的消费者点评出现，对各类细节缺陷的评价都会毫不留情地公布出来。

消费者在购买前还会启动"充电"模式，这个时候，各种"检测室""小编"们的测评报告，逐项对比就会无比详细的在互联网上展现出来。

高通2013年出了一款低端低价的4核芯片，采用的是比较落后的A5架构，实际性能不及联发科的主力产品。国内一个厂家采用了这款"系出名门"的芯片，全力推出了一款手机，试图名利兼收。没想到，在预售环节就被消费者发现，指责其忽悠顾客，留言中一片骂声，该款手机在京东平台上的销售惨淡收尾。

以前是"王婆卖瓜，自卖自夸"。当消费者都成为西瓜专家时，"王婆们"头痛了。

企业总有办法去"逆转"大势。当年大超市开放式货柜取代柜台交易，就是一种时代的进步，取消了柜台老板"忽悠"顾客的环节，结果，国内的洗发水企业硬是能"穿新鞋，走老路"，在各大超市设导购，搞"终端拦截"，出现导购比顾客多的"奇景"。最终，大势难违，企业可能"争取来了宝贵时间"，却加深了"投机习性"，最终尘归尘，土归土。

顺大势，是智慧，为了顺应自己的习惯而逆大势，是小聪明。

● 顾客成了"真上帝"

以前，企业说"顾客是上帝"的时候，多是把顾客捧得高高的，以图多卖点高单价的产品给客户。又或者，这种语言是企业家说给员工听的，反正工资已经发了，让他们多尊重顾客，多卖力。总之，顾客是上帝，基本上是"口惠而实不至"的说说而已。

现在，情况变了。

面对越来越多希望销售产品给自己的企业，消费者越来越"以自我为中心"，越来越没有容忍度。如果企业不能提供近乎"随叫随到"的服务，顾客立刻就会转身离去。

一个朋友最近把自己的股票账户从某大型证券公司迁到了另一家公司，原因就是服务不及时，接电话的小姐常常解答不了她的问题，需要把她的电话转给高级经理。我本人在网络上订货时，往往会注重送货时间，送货慢的，缺货的，很快就被我切换网页，消费者点几下按键，企业的销售机会就丧失了。

消费者再也不愿意听企业的单方面推广，不仅仅传统的媒体广告失效，而且在 QQ 群里，在论坛里，有企业人员好不容易潜伏进来，只要一发广告帖，命运就是被踢，或者是被删帖……

在新的时代，仅仅靠动动嘴皮子，可能难以生存下去。即使产品魅力十足，在营销端不能真正倾听消费者、融入消费者，也同样难以生存下去。

对于企业来说，营销环境发生了巨变——新技术摧毁了"信息不对称"的格局，消费者又在物品过剩的年代极度"唯我独尊"，不仅难以伺候，而且还排斥各类营销手段。

偶的神啊，企业该怎么开展营销？

营销的底层架构：订单链＋传播链

营销环境发生了巨变，意味着营销手法必须改变，但是，如何改变？往哪里改变？在回答这个问题之前，必须得找出比"营销三板斧"之类的招数更为本质的东西，更能代表营销的东西，才知道如何因时而变。

我们认为，抛开各类概念，回归常识性的分析，营销的确存在更为本质的东西，我们称其为"底层架构"。

什么是订单链＋传播链

营销，在工业时代意味着两类事：一类事情是激发消费者需求，让消费者乐于购买；另一类事情是便于消费者购买，完成钱和货的交换。在传统的组织中，对这两类事情有一个明显的分工，前者是市场部的活，后者是销售部的活。前者的工作主要是传播，后者的工作主要是构建和管理一条销售渠道，在这条渠道上完成实现订单，围绕订单实现，存在一系列环节，包括：集客、展示、询盘、选款、订单、结算、交付、服务。

我们可以明显的观察到，传统的营销方式，也就是"订单链＋传播链"的老的实现手法，同样受到前文提到的新科技和顾客变化的冲击：

以前的订单实现，为了在终端出货，往往需要配套大量的渠道构建环节：渠道模式涉及一、二级经销商的选择、终端策略、渠道促销与激励、日常管理等。然而在互联网科技的支持下，虚拟世界已经完全可以独立地完成集客、展示、询盘、选款、订单、结算、交付、服务等环节。

传统的层层分销的老模式，"低效率"显露无遗，不仅仅被顾客毫不留情地抛弃，转身投奔"淘宝＋快递"，就连四级市场的一些终端商，也开始在淘宝上小规模补货，而非打电话给省级代理商，然后等物流发货。

以前的传播链，无论是选择做广告，做专卖店，终端推广，还是软文，都需要一个前提：消费者能够接受信息。然而现在的消费者已经关闭了接收各种类型广告的窗口，面对突然而来的商品信息，一律屏蔽。

来自科技和消费者变化的冲击，导致老的营销手法失灵，但并没有冲击底层架构本身。这也就是我们要关注底层架构的原因,只要我们找到新的手法去实现底层架构,"危"就有可能变成"机"。

焕然一新的订单链＋传播链

要想找到新的手法去实现底层架构,我们首先得扩大系统,把新的科技手段和新的消费心理融合进来,拆分这条订单链,在每个环节重新考虑其目标指向和手段优化,每一个环节都可能在虚拟技术和现实世界之间做出组合,也就是实现目前市面上设想的"O2O"。传播链呢? 也是运用的类似的手法进行的解构与重建。最终的形态是什么呢?

订单链融入了许多虚拟环节,没有现在的"纯实体"形态,向"隐形"方向发展,看不见的销售,365×24 小时永不停息的销售,不需要大喊大叫(广告驱动如宝洁)、也不需要庞大销售队伍(执行力驱动如安利)的顾客滚雪球,销售再也不用受地域、时间、昼夜、作息、渠道、终端、收银、支付等所有的限制;传播链则更柔软,商业目的隐藏其后,甚至商业角色也需要"隐身"。

至此,两大底层架构变得更"隐形",这就是我们本章所提出的"隐销"概念。

如果我们更进一步地思考,我们不仅仅要把营销手法做出适应时代的变化和进化,我们还要把这种新方法做到极致,那么会是怎样的一种场景?

我们在产品部分提及过一个观点,工业思维下的产品,每一个零部件是功能性的,到了工业设计导向的时代,每一个零部件增加了视觉功能,甚至增加了很多零部件,其功能仅仅是视觉美化。如果是顶尖的设计师,他可以做到不增加一个零部件的情况下,完成视觉上的美化。

类似的情景也会出现在底层架构上,在信息时代的企业,顶尖高手做出来的底层架构,可能只有一条订单链,他把传播链上的功能集成在订单链上的各个环节上,实现更为彻底的"隐销"。

对于大多数企业来说,还是需要"step by step"式的提高与学习,我们接下来的章节,依然按照"传播链＋订单链"的逻辑框架来写作。

新的营销手法,即将展现在你的眼前。

技术红利：两次完美运用

既然技术冲击了营销环境，而且其破坏性主要体现在订单链上，那么，从专业上来说，就是一个小系统被另外一个新元素打破了平衡，系统需要重新取值，需要扩大范围，把这个闯进来的新元素纳入进来，设计一个更大的系统。

那么，我们如何利用新技术？如何利用新技术改造订单链的总体框架？

第一次技术红利

新技术为什么能带来变革？为什么能影响消费者？因为新技术往往有两大绝活：效率提升和炫酷体验。前者会降低成本，对产业起到破坏性创新的作用，后者对消费者具有致命吸引力。这两点都会给企业带来同样的效果：获取技术红利。

聚划算不算是特别新的技术，猪肉更是千百年的老产品。在猪肉生意嫁接"聚划算"之前，谈起猪肉产业，营销人士莫不是分析出结论："产业分散度高"、"难以做出利润"。然而一旦利用好新技术，所有的"专家结论"立马被颠覆。

2013年，遂昌县政府牵头组织了3 000家农户养的土猪肉上聚划算，面向江浙沪地区开卖。当天，仅仅开团10分钟，土猪肉就卖出去了500公斤，整个活动中一共卖了3 000多头猪。这次聚划算团购价为市场价的7折，并享受顺丰包邮优惠。订单以1.5公斤为单位，例如1.5公斤前后腿肉是69元，里脊与里脊骨组合为99元，蹄膀和蹄膀圈组合是79元。这次团购土猪肉没有现货，而是根据下单情况定量屠宰，从活动开始当日屠宰、当日切割包装、当日发货。

于是乎，原本需要低价供给猪肉贩子，然后倒卖到省级农贸市场，再从农贸市场分销到各个"刀手"的摊位的产品就直接从农户卖到了消费者手中，而且，价格不菲。整个产业的效率被直线拉升，其中的巨大利润，自然流入了该县相关人员腰包。这就是利用新技术"效率提升"，生产者收获了大大的"技术红利"。

当微信"扫一扫"功能刚刚推出时,对一家本地的小型餐饮企业带来什么样的机遇呢? 带来了一次和世界级企业拉平距离的机会。

山东一家地级市的餐饮企业,在当地只有 5 家店面,他们第一时间推出了二维码,只要消费者在落座后,扫一扫桌面上的二维码,就立刻成为会员,当场可以获取当月新菜的五折优惠,而且可以在手机上看到这款新菜式的详尽的介绍,包括各类原材料的产地、等级、厨师的介绍、特殊的工艺等。

一个月后,麦当劳在当地推出了类似的活动时,消费者对比两家企业,非常自然的在心中把这家原本"土、肥、圆"形象的餐饮企业拉高到了一个"潮范"的地位。这就是利用新技术"炫酷体验"的案例,企业同样收获了巨大的技术红利。

技术不分国界,稍稍改动一下:技术不分产业,谁说炫酷的技术只能给移动互联的企业玩? 传统企业,一旦合理利用,照样收获"技术红利"。

第二次技术红利

"乱花渐欲迷人眼",这可以是对新技术层出不穷现象的一个描述。互联网企业、移动互联企业、物联网企业,这帮家伙们有的有真材实料,有的与传统企业一样,喜欢造概念,搞出新鲜却用处不大的玩意。

2013 年,多少红极一时的软件横空出世,登陆美国资本市场,以"不用我你就 out 了"的姿态回来的,其中,又有多少到了年末就没什么人用了。我今年就装了很多潮软件:陌陌、zaker……结果到了年底就再也没用过。

对于企业来说,往往存在一个现实问题,当面对众多新技术时,不一定能恰好迅速抓住其中的"真命天子",如同上面那个山东餐饮企业一样,收获第一次技术红利。

然而,如今的技术,似乎好奇红利时间特别短,等一个新技术走红的时候,跟风运用又没有什么大的回报。有多少个企业花费金钱推出"微博营销",因为没有赶上好时代,成为一个"鸡肋"?

面对一个个的互联网精英来推销"跟得上时代的"新技术运用方案时,

企业总是犹豫：会不会是又一个虚有其表的大 V？我没收获期望的收益，但是他倒是迅速致富了？

如果你错过了第一次技术红利，还有机会收获第二次红利吗？

错过了第一次技术红利的窗口时间，没关系，你只要分拆你的产品或者服务的次级要素，把"新技术"运用到次级要素中去，就可以收获第二次的技术红利，而且，这种技术红利具有内生性，更为打动人心。

有个朋友最近跟我吐槽，说他用的收费的炒股软件居然没有新浪推出的免费的自选股功能好用，我很奇怪，自选股页面怎么可能比得上强大的专业软件？我去看看新浪的自选股页面，依然没有明白他说的是什么，后来再一次碰到他，仔细问过，才知道，新浪在自己的自选股页面上加入了一个非常小的改动——加入了一个关注度指标，当你把一只股票加入到自己的自选股中时，那个关注度就会上升一位，对于我的朋友来说，这个数字的变动非常有帮助，可以辅助他判定买卖点——当关注度持续上升阶段，出现股价下跌的苗头就是卖点，跌到关注度惯性下降而股价上升时，就是买点。

这个技术很新吗？不是，无非是运用了社交功能，一个很"老"的技术，但是为什么这么有效呢，因为新浪把这项技术运用得很"深"，契合度很高，这才像是一个有内涵的企业搞出来的东西，而且对于顾客来说"谁用谁知道"。

这就是一个收获第二次技术红利的案例。利用技术，重置订单链的原则：收获第二次红利。

企业隐身：从"前台"到"幕后"

如何应对"唯我独尊"的消费者？

企业永远都需要让消费者认可自己的产品，这个目标是不会变的。唯一需要变化的是手法，面对"闭关""排斥"的消费者，如何让他们认可？营销人认为这个问题很难。但是，有人面临比这更难的事情，但是成功了。

美国如何引导全球消费者

冷战时期,美苏对抗,如果你是美国政府的营销机构,要把美国的观念,方案推销给苏联,最终让苏联解体,你怎么做?

广告轰炸?产品演示?促销活动?……面对用敌视的眼光看着你的苏联民众,面对不可能提供任何媒体给你的苏联政府,你头痛吗?

后来的结果大家都知道,美国人就是干成了这样一件事,他们用的策略框架是什么呢?

他们成立和控制了一系列"中立"、"权威"的组织——卡内基基金会、民主基金会、国际货币基金组织、高盛公司。卡内基基金会资助苏联的转型经济研究所,扶持苏联学者成为"国际认可的经济学家",民主基金会渗透大众传媒,宣传西方的生活方式,并暗示这种优越的生活方式和资本主义制度是直线关联的,国际货币基金组织以超级专家的身份帮助苏联制定提高效率的方案,其实是国企私有化,然后由高盛等投行打压股价,并低价收购国企。最终完成了他们的战略意图,在苏联拥有全球顶尖武器的情况下,瓦解了一个强大的国家。

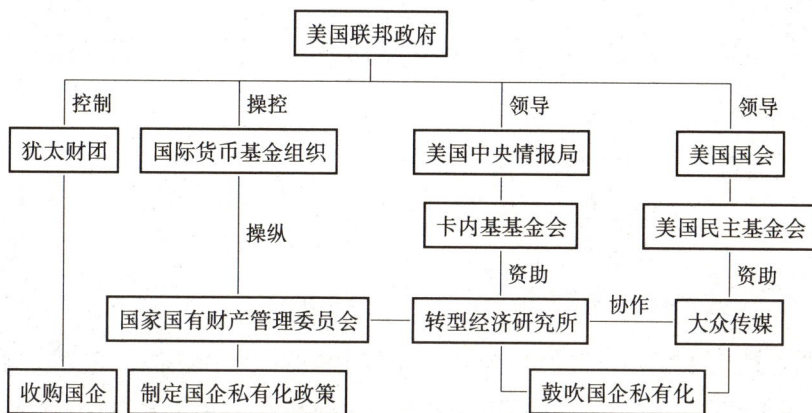

如果我们客观的分析这个案例,这里面,美国人是没有直接面对他的"顾客"的,他用了一系列"隐身术"来达到他的战略目的:实际上,苏联解体是个意外收获。

从更本质的"传播系统"寻求解决方案

在整合营销传播、360 度传播年代，传播被认为就是营销，甚至有无传播、不营销的说法。我们历来强调回归平实的事实，传播到底是什么一回事？传播是信息发布者、发布渠道、发布方式、受众组成。这就是一个毫无争议的系统。

那么，在这个系统内，受众是消费者，消息发布者是企业，消费者和企业是有明显的关联关系——消费者只要看到是企业露出广告的嘴脸，就会提高警惕，捂起耳朵。因此，最终的信息接收当然要大打折扣。所以，必须借鉴美国人的思维，把自己隐藏起来，由台前到幕后。

传统的营销学和传播学，往往是忽略了这个关联关系的，所有的精力都放在发布方式，也就是广告制作方法和策略上，这明显是"螺蛳壳里摆道场"，进入了死胡同。

所以，企业必须学会从台前到幕后，从天天做推广暗示自己财大气粗的"土豪"，转变成幕后引领舆论、引导舆论的"掌控者"。

我们现场模拟一个案例，如果你是美国政府，要到中国来宣传你的制度优越，如何利用骆家辉大使到任时传播？这个事情大家可以复盘，查查他们是怎么策划大使坐普通舱到任，怎么在国内刮起报道的热潮的，怎么忽悠我们老百姓的。

个性化的订单链：不再是"公共汽车"

我们提出 2014 年中国市场进入三个世界的观点，即中国销售渠道的变革从大的方向上，有三次创新革命，经历三个世代，最后形成三个世界：第一次，现代零售渠道（以 KA、连锁店、shoppingmall 等形态）对传统的批发流通渠道的革命；第二次，PC 平台电商对商业地产零售的革命；第三次，移动电商对 PC 电商的革命。

对于企业来说，第一次和第二次革命都是公共汽车，所有的企业都只能选择同样的公交，只不过，第一次要搭上大卖场的车，第二次要搭上"电商＋

快递"的车。然而第三次革命到来的时候，我们发现企业可以搭建个性化的订单链。

●　从大卖场搬到淘宝，从淘宝搬到微信

根据目前的一线实践来看，很多企业在微信上做营销，实现了引流、订单、交付、服务的整个订单链。而且，令人熟悉的场景是：很多新秀企业，借助微信平台，实现了品牌和销量的双跃升。这多么像当年一些小卖家首先登录淘宝，获取了意想不到的收益啊！但是，新的时代会和以前一样相似吗？

虽然我们认为，在最近的1—2年内，企业都可以快速学习在移动端营销的技巧，快速在最大的移动平台上收获技术红利，这一点是毋庸置疑的，但是，这并不妨碍我们可以看得更远……

为什么以前企业必须在卖场和淘宝等电商平台上售卖自己的商品？有三个原因：

首先，利用卖场或者电商平台获取流量：企业到卖场去，是因为大量的消费者会聚集到卖场去购物，企业到淘宝去，同样是因为淘宝上有大量的消费者。

其次，借用卖场或电商平台的信用背书。消费者为什么集中到卖场或淘宝上面去购物？有一个重要的原因是他们能提供信用：消费者不怀疑大卖场卖假货，也可以通过消费者评价分辨淘宝上的商品真伪好坏。

再次，依托卖场或电商平台打消支付障碍。卖场打掉传统小店，另一个原因是消费者付款的时候有保障——遇到质量问题可以退款。在淘宝上支付有支付宝，收到货如果不满意，可以7天无条件退款，大多数时候店主为消费者办理了退货险，消费者退货时不会发生费用。

当销售平台拥有这三大利器时，企业只能收获一段时间的红利，用不了多久，就会发现，平台会"变脸"，成为一个利润的掠夺者。

当年家电企业带人到苏宁国美打架和众多小卖家到淘宝公司门前抗议，本质上并没有什么不同。

然而在移动时代，这种垄断性的局面必将不复存在：

● 无处不是卖场

同朋友吃饭交谈时，聊到动心的商品，可以立刻在移动端找到相关链接，实现购买；在出地铁口时，看到动心的商品海报，扫扫二维码，也可以实现购买；甚至在同事的办公桌上看到一个动心的商品，也可以扫扫商品上的二维码，在移动端实现购买……卖场不再是一个实体或者虚拟的概念，而是彻底解构，分散在消费群的每一个生活场景中。

● 企业可以直接提供信用

在移动时代，服务将是非常重要的竞争性武器。连淘宝上的商户卖陶瓷茶器，都可以承诺只要凭一张照片证明商品破损就可以马上补发一个新商品。企业还有什么条款不能设定，从而彻底打消消费者顾虑的呢？

● 支付障碍消失

支付宝能做到的"验货后付款"，已经是其他结算工具必备的功能。支付工具之间的竞争，已经在银联、外资银行、民营金融机构之间展开，竞争会超级惨烈，这个环节，不可能是"淘宝支付宝一家亲"的捆绑状态，未来一定是独立的环节。

微信同样认识到这一点，所以它自己并没有把自己定位为移动时代的淘宝。

方法：拆分环节＋新组合

各个环节的技术进步和竞争带给我们一个非常大的机遇——我们不再只能坐公共汽车，而是可以自由打造一条个性化的订单链。

厦门手礼网，是一家本地化的土特产经营企业。他们的订单链，很难说是依托实体的、电商的，还是移动端平台的。它把每一个环节都分拆了：

集客：当一名游客下飞机后，就会接触到手礼网的现场办公点，非常醒目，当得知能提供旅游资讯时，游客会扫一扫，关注微信官方号，这个环节中，是线下集客到线上，引流是在线下完成的。

展示、选款：在厦门旅游期间，在微信平台上看旅游攻略，了解当地土特产，比价。这几个环节中，是线上结合线下的，甚至是利用了竞争对手的线下店——消费者在旅游景点的购物点看到土特产，接触了解实物。

订单、结算：订单可以在手机上处理，当然也可以在最后一天回酒店后上网处理。这个环节，它们用了自己的商城。这一点，应该可以改进。

支付：游客可以选择线上支付，也可以选择在机场验货后支付——现金、支付宝、财付通、网银，都可以。

交付：对于游客来说，快递送到酒店哪有在登机前机场自取更快捷？更省事？

这就是一个个性化订单链的案例。虽然还有优化空间，不仅可以机场取货，而且可以送到客户指定的友人那里。但是它的这条订单链，同时做到了方便顾客、消除购买障碍、深化服务和降低成本的作用。甚至给未来提供了很多延伸赢利点：攻略上的信息都可以向前端企业收费，可以交换更多的线下免费流量。

在移动互联网时代，对于本地化的经营者来说，存在着一条适合自己的独特的订单链，这条订单链，不仅不需要寄人篱下，还可以实现对消费者的增值！

碎片化的流量获取

找个旺铺开店和在网上引流都具有是同样的目的，即接触更多的潜在客户。在移动时代卖魅力型产品，也同样需要接触更多的潜在客户。

引流：注重质量

企业卖"吨位型"产品的时候，是用的大工业"流水线"的思想，追求接触客户多，最好针对13亿人，用的方法也相对简单粗暴。不管漏斗模型的效率如何，扩大接触面总是首选。有个经典的说法：不怕接水的桶漏水，只要接到的水比漏掉的多就行。

在魅力型产品营销中，要放弃这种思维，转而追求质量。在物质丰富的年代，引流要做到引来的流量（潜在消费者）对产品"动情"，而非仅限于"知晓"。

其间的原理同样是存在关联关系，引流的手法决定了转化率高低。当一名消费者在受到商业信息骚扰时，当一名消费者在接触信息时没有好感时，这种消费者是很难实现最终的购买的，这种数量型的流量，基本是"废流量"，如同博客上买来的"僵尸粉"、"毒粉"。

于是，需要筛选引流的手法。

启动市场阶段：依托魅力引流

魅力产品在启动市场时，没有"存量"的需求，这个时候，启动需求就需要依托魅力。没有魅力源头，在这个阶段无法吸引流量。

当 google 眼镜存在魅力时，各大媒体都会争相报道其最新的消息，帮助 google 公司带来了无数的流量，即便是 google 眼镜当时还没有上市。这就是依托魅力去撬动媒体的案例。

我有一个朋友开了一个小工作室，教小朋友们画画，他对场地非常挑剔，他从来不在室内教小朋友们画画，每次总是选取武汉周边不出名但风景独特的地方。他会讲解这个地方，帮助小朋友们发现这个地方的不同之处和欣赏到其中的美感。

小朋友们会很开心地去体会，然后用自己的画笔画出来。然后，他会花好几天的时间，把这些作品编成图文微博，附上对小朋友作品的鼓励性点评，家长们非常得意而自然地把这些作品和表扬转发到自己的微博上，他们的同事看到后，很容易被吸引，往往想把自己的孩子也送过去……

现在，家长需要提前一个学期预定，才能让孩子进入他的班学习。这就是依托魅力撬动自媒体的例子。

依托魅力，在传播环节增加魅力，吸引消费者的方法，非常重要，是决定市场是否成功的关键。

扩大市场阶段：依托需求引流

当魅力型商品成功的启动市场之后，就有了第一块基石。这个时候，该商品往往激发了更多人的需求，这个时候的引流工作，难度降低，其手法和传统的营销有很多类似的地方。

即使非常类似,但也存在门槛——要么在消费者需要的时候出现,要么给予消费者选择的自由,也就是要强调"场景精准"和"逆向互动"。

消费者讨厌被商务信息打扰,只有一个例外:他正好需要的时候。在移动时代,各类科技层出不穷,企业会去追逐新技术平台上的"新鲜出炉的需求"。

这里就会有很多科技红利的分发时刻,主要集中在两个领域:一个是提供本地服务的科技产品,类似 google place,当一名消费者在一个城市中出差时,到了午餐时间,这个产品会提供附近的餐厅介绍,分发优惠券,对于消费者来说,这种信息正是那个时点的他所需要的。

一种是玩"大数据"的企业,也会将相关信息推送给某个场景的消费者。这都是企业可以利用的技术平台,但是,这些不是全部,做为一个提供魅力化商品的企业,你自己也可以把握这种"及时出现"的需求:

● 通过娱乐化包装的活动引流

一家在摩尔城中的餐厅是如何做精准的引流的呢? 他在很多合作的服装商铺里设置了一个活动,当男士陪女士逛服装店的时候,可以通过手机扫一扫下载一个小游戏,游戏通关后可以获得各类促销奖励,这位男士在无聊的碎片时间内找到了新体验,如果获得了奖励,自然会去餐厅享受优惠。

● 通过联盟引流

消费者越来越不看重单个的商品,他们看重的是商品背后的生活体验和人文符号。我们在上一节的案例中,消费者并不看重单一的厦门土特产,他们看重的是一段旅程,一段具有话题性的旅程,他们需要新体验。

于是,手礼网代表的是厦门,以旅游的符号切入消费者,他推荐厦门景点,各景点也安排了合适的地点介绍手礼网,让正好需要"旅游攻略"的游客扫二维码,这样就通过联盟实现了引流。

● 通过各类"常规套路"引流

所有的传统推广方式,户外广告、媒体推广、活动单页、名片,甚至自己的产品上,都可以出现二维码,当消费者对其感兴趣时,很快就能建立起与企业的联系。

圈养流量

在隐销中，流量的用法和以前是不一样的，以前是卫生巾，一次性使用。现在是当种子使用，强调不断深化客户关系。

目前淘宝上获取流量的成本很高，但是顶尖的淘宝店不需要付费的流量，一些做特色的服装店，就是利用 QQ 群和微信群圈养顾客的，第一时间推送新货，客人的重复购买率非常高。

大家可能都有这种体会，你对一种商品信息了解得越深，就越愿意花大价钱购买其中等级高的商品。所以，"圈养"很重要，这就是为什么雕爷牛腩、皇太吉们花大代价在微信上和消费者深度沟通的原因，用赌场的话来说："不怕客人难掏钱，只怕客人不常来。"

移动互联网时代，企业销售需要思考问题，不是渠道商，而是如何引流与圈养。

线上线下层层递进的商品展示

无论是在大卖场做营销还是在电商平台上做营销，这两个时代都非常注重商品展示，并且开发了很多系统的技巧。

在大卖场时代，讲究专卖店（专柜）的衬托、商品功能的演示、商品搭配组合效果的可视性、视觉味觉的综合性运用，甚至依托活动激发消费者的盲从效应；在电商时代，讲究商品名称的编辑、引流图片的层次感、商品细节的剖析、感性文字的应用、各类事实及评语的展示……

这些在移动年代，都能继续发挥余热。但是，移动时代，获取商品展示部分的"大分"并不在这些熟悉的套路上。

服务型商品，层层递进展示

移动时代与上两个时代不同之处是：多平台展示和消费者碎片化"浅度"浏览。

这两个特点决定了,展示不必在一个平台上完成,而且需要一个层层递进的系统,我们必须在此基础上结合商品系统,做出一个绝杀组合。

我们来看一个案例,如何层层展示一个托福课程:

1. 做好微信使用导航(用户使用指南)

做好导航的好处是,让用户在看完用户指南后第一时间就喜欢上我们的微信,觉得内容都很实用,例如:回复:(1)经典电影推荐;(2)好听的英文歌曲推荐;(3)经典美剧推荐;(4)怎么利用网络学习英文等,给微信粉丝留下一个很好的印象,如果他们喜欢上了内容,就会很自然地期待每天发的内容了。

2. 内容为王

周一到周四会直接推送一分钟的《口语微课堂》。这个节目是由口语团队老师真人录制的,给大家讲解一些口语常用表达,周五偶尔搞搞互动,发发软广告,但是一定不能每天发广告,发一次广告就是对你微信粉丝的一次小伤害,广告多了,大家就烦了,会取消关注。

所以广告一定要控制住,埋头做好内容。周六日会精选一些能引发朋友圈转发的双语趣闻,微信平台想要做大,一定是靠朋友圈的转发,从而用内容吸引更多的粉丝,有时一篇好的内容可以在朋友圈转发上 2 000 次以上。

网络时代,信息都很开放,基本的内容百度都能找到,如果每天直接发送从网上复制黏贴的一堆单词,如《形容人长相词汇》等一长串,这样的内容是不会有人看的,推荐的内容一定是经过精挑细选的。

一篇贴心的中英双语文章,既让人学习了相关英文词汇表达,又让人觉得温暖,只有这样的内容才会引起大家的共鸣,养成良好的英文阅读习惯。

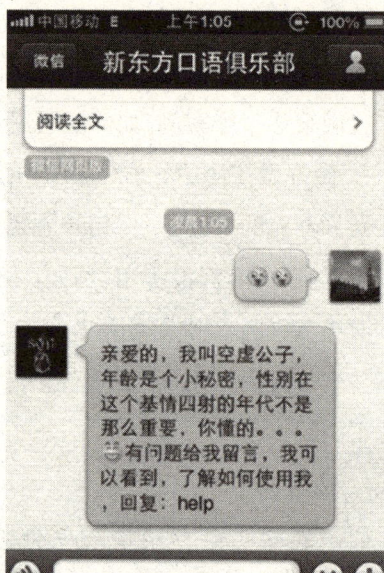

3. 微信语言幽默拟人化

这样做的目的很简单，就是要让别人觉得官方微信有人味儿，而不是一个机器人。谁愿意每天对着一个冰冷的机器人说话呢。

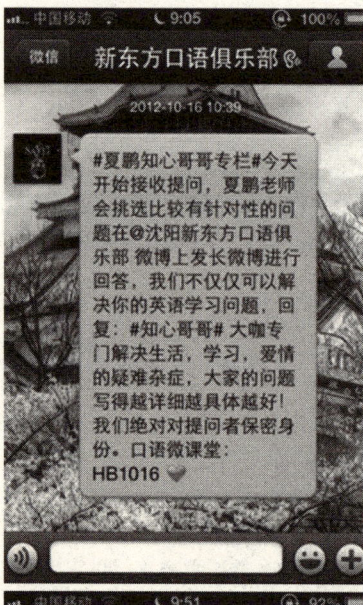

当你给我们的微信发信息时，你就会收到这样一条回复，一句亲爱的，让你在安静的夜里倍感温暖，空虚公子这个名字紧跟潮流，当你看到基情四射的时候，你已经觉得我们是个活人了……

4. 定期发送有互动性的内容（如：心理测试）

心理测试就不用说了，这是大家最喜欢的环节之一了。定期推出不同的栏目增强互动性，例如：知心哥哥专栏，贴心地解决大家在生活中的困惑，或者微信语音模仿大赛（鼓励大家模仿标准英文）。

5. 定期做 online to offline 活动

定期做微信好友见面会，让大家能够更多地跟我们接触，去现场感受英文的魅力，感受老师的魅力，在现场会安排很多有意思的活动，免费的 lecture，神秘嘉宾。现场老师表演了英文歌曲等，大家都很喜欢，也学到了东西。因为这些活动，很多来参加活动的微信粉丝后来都成了学员，实现了 online 到 offline 的转化。

我们用精炼的模型来复盘这个案例，看看他是如何长期源源不断的实现课程销售的。

首先，它暗含了一个产品系统，这个系统中，除了传统方式中的重头戏：收费课程外，还有一系列的免费产品——吸引流量的导航板块；实惠及展示实力的每日的微课程；社交性质的互动产品；现场体验型产品。

其次，这些产品统统是在线上线下有序地进行展示的，暗含一个层层递进的关系，在这个过程中，逐步解除了消费者的心理防线，投入了越来越多的关注，而越来越多的投入和熟悉，意味着越来越大的订单。

这就是隐销的核心理念，让产品找到滚雪球增长的顾客。

实体型商品展示

以上展示的是一个服务型产品的展示案例，服务型产品可以分拆，比较特殊，那么，实体型产品如何拆成一个商品系统？如何层层展示？

有三个关键点：前期把魅力分拆展示，中期要借道消费者展示，后期要展示关联产品。

分拆展示魅力

手机行业，格局已经大变，魅力型产品大卖，普通产品惨卖，主销、旺销的型号越来越集中。我们来看一下，任何一款大卖的产品，是不是在前提有节奏的展示其魅力的？

最近一段时间，华为在推其荣耀系列的新产品荣耀 3C 和荣耀 3S，这两款产品是抢夺中低端客户群，其展示手法已经远超年初在伦敦发布 P6 时候的水准。

首先是在自媒体上展示极致功能——8 核芯片，为了让极致功能更有魅力，用价格作为魅力放大器——余总称荣耀系列独立，采用互联网渠道分销，价格可以降低 30％，给足了市场预期。

一周以后，利用一个圈内测评师进一步展示了这种魅力——无可比拟的跑分。紧接着，借道一堆 IT 人士剧透：小清新的包装盒，话题性的竞争用语……

　　各类隐形的魅力展示已经悄悄地包围了消费者,很多消费者开始捂紧了原本计划去抢购小米或者"双12"上淘宝采购的口袋。

　　未见其商品,先闻其魅力。这是一个必用的手法,大家想想励志橙推出的时候,是不是提前一个月就在各种渠道"见到"了它的"魅力"? 雕爷牛腩呢? 皇太吉煎饼呢? 是不是通通有同样的套路?

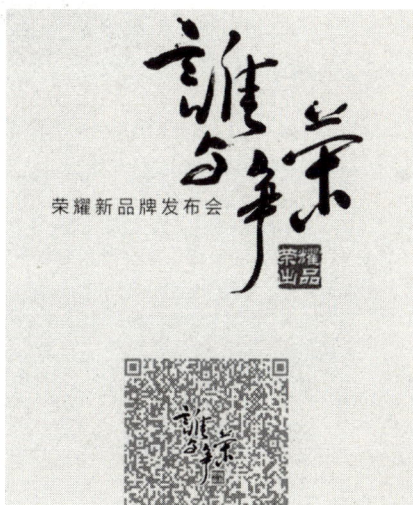

听说你们至今没抢到手机,
以至于熬成了期货操盘手。

对不起,我们来晚了。
12月16日·谁与争荣

荣耀新品牌发布会

借道消费者展示

　　实体产品的展示,最为重要的一环在消费者身上,消费者是最具公信力的展示平台,是离二次销售实现最近的展示平台,每一个厂家都会设计众多细节来引导消费者展示。

　　以小米购买的 F 码为例,就是一种诱惑消费者的展示方式:

用户3903597668：听说小米3开卖了，刚刚用传说中的 #抢机神器小米商城#预约了1台。#我爱小米手机#因为他支持最潮的NFC近场通信功能！希望能顺利抢到1台！http://t.cn/Si8qJv

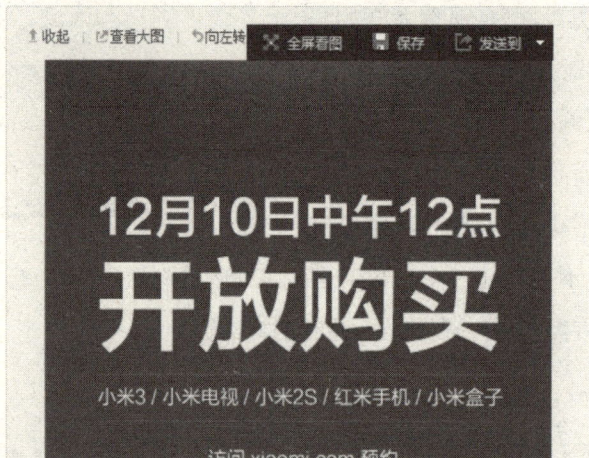

购买后不忘以免单机会诱惑消费者展示：

Zeng纤维-蛰伏：@小米手机 想说爱你不容易啊~~~~(>_<)~~~~ 呜呜历时五六次的不吃中午饭守候，终于在今天抢到了小米3了！从此就可以用手机拍出牛逼的照片、牛畅无比地玩各种大型游戏#我爱小米手机#

后期关联产品展示

更具有实效和更为隐形的场景在聚餐环节和办公室，很多公司会设计小物件，让消费者能在办公室和聚餐环节秀出来，从而引发一番话题……这个时代，魅力型产品不能成为饭桌上的谈资，注定是要失败的。

　　而且，这些关联性产品，往往带来巨大的利润。

　　移动互联网时代，用心发掘你的产品魅力，设计一个层层递进的展示系统，顾客会自动来到你的面前！

线上线下融合的询盘与选款

　　在传统营销中，询盘和选款是在购买环节发生的，本质上是个"零和博弈"，企业期望消费者买高价款、全家款，所以，商务气息非常浓，企业培训导购或者"店小二"们非常多的"超级话术"、"超级导购术"，而消费者呢，通常不可能感受到温暖。

　　在隐销中，这两个环节已经被改造得没有一丝商务气息，反而成为一种魅力增值的因素。

选款：功能转移至前端和后端

　　无可置疑的趋势是，在魅力化产品的时代，不再有冗长的产品阵列，越来越多的产业出现"大单品"现象。苹果公司当年提出做精一款产品，"少即是多"的理念有很深的道理，魅力当道的年代，使消费者注意力越分散的企业（品牌/产品）越危险。

那么，很多企业针对一个细分市场，只有一款主打产品的情况下，何来的选款环节？这正是"隐销"的奥秘之一，作为一个独立的环节不明显了，但其承载的功能被分散到了前端和后端。

选款功能向前端转移，就是我们常常听到的"向消费者众包"，"让消费者参与研发"。

大家可以看到小米的论坛上，很多项子功能的立项、测试、评价等研发环节都是向活跃的米粉征求意见的，甚至在这些米粉中招募工程师。

武汉周边有一些钓鱼为主题的农家乐，一开始建设的时候就存在3—8家企事业单位的"股东"，实际上是长期消费的顾客，那么，其鱼塘边上的钓台设计、餐饮、包房数量都是在设计阶段就同这些企业沟通过的，当开业时，当然更符合他们的习惯……

这些在研发阶段就让消费者参与进来的过程，实际上是一种选款，只是在这个选款行为中，没被大家选中的产品根本没有进入制造程序。这不仅仅为企业节约了成本，而且还获取了未来顾客的青睐。在这个过程中，可以是类似小米以线上为主，也可以类似农家乐在线下完成，当然也可以同时采用两种手法。

选款功能如何向后端转移呢？这点其实是在售后服务环节中增加了改款功能，企业借助各类平台——微信，微博，豆瓣，大众点评网，论坛，QQ群，××粉会，无障碍的听取消费者的吐槽和建议，抽取其中的高情绪人员和积极分子，实现各种"概念机"、"工程机"，与消费者互动，深化客户关系，也为下一轮的产品改良做好准备。

那么，购买环节还有没有选款环节呢？依然存在，但是这时候的选款，范围缩小了，集中于同竞品的功能对比，在移动互联的时代，这些问题往往不是通过导购完成的，而是集中解答的，是一个秀幽默和技术的机会：

有点烫的问题

问：小米路由器快不快？穿墙怎么样？
答：如果这两个最基本的事情都没做好，我们就不拿出来献丑了。

问：怎么觉得前两天微博上那张图有点像Mac Pro？
答：你换个角度再仔细看看？

问：小米路由器是双频的吗？
答：国家都允许生二胎了，你说呢？

问：小米路由器的详细参数是什么？
答：工程师被关起来埋头苦干找不到人，网页设计师也不知道具体参数，反正是土豪级的配置啦。

问：公测版怎么销售？
答：不抢购，不摇号！为了最有效地对攻城狮改进产品，我们将人工挑选最爱折腾爱吐槽爱挑刺儿的发烧友优先测试。

问：公测版免费还是收费。
答：这里是收费公厕，谢谢！

询盘：转移注意点

在魅力型商品的销售中，价格往往是透明而公允的，不存在价格上的讨价还价环节，那么，询盘环节消失了？

当年，由卖场时代过渡到电商时代时，其实这个讨价还价的环节是可以不存在的——当年亚马逊就是这么理解的，如今，京东、1号店、凡客们也没有设计这个环节。但是有一家成功的企业同样设计了这个环节，这家企业当然是淘宝，它设计了一个旺旺工具，让消费者和店小二亲来亲去的，居然也能成功，还成为一种文化。这是为什么呢？

我们认为，这是人性！科学流程中，这个环节确实可以不要，取消这个环节会降低交易成本。但是，这个环节不仅仅是经济上的考虑，还有人性上的考虑，这个环节有互动的因素，可以提供人性上的快感：交流的快感，征服的快感。

既然淘宝能设计旺旺，对于很多本地化销售的企业来说，应该如何设计这个环节呢？我们给出的指向十分明确：（消费者）付出努力，（商品）增加魅力，（企业）给予实惠。

● 分级客户，得"红包"

如果我们引入了一个新品种的宠物狗——"夏威夷土鳖狗"，要爆红这个品种，如何做呢？

131

第一步当然是魅力化,假定这一步已经完成,江湖上已经流传各类惊叹的消息,那么,第二步就是要让核心客户养起来,让北上广深的高端人群"养"起来。

这个时候,就要搞"产地探秘","封测"之类的玩意了。地面工作推进,一波一波地邀约到含金量高的人员,搞深度体验的活动,活动本身要有体验感,新奇,关键还要费用不菲,然后门槛设定在买狗。

这些首批的意见领袖,花 3 000 元买狗,免费了一份 4 000 元的境外旅游,享受了一份独特专有的体验可供回国后炫耀,皆大欢喜。目标城市就会出现很多对周围人群大秀与这个狗狗相关事件的目标人群。

这就是在询盘环节,设计分级客户红包的案例。

● 增加接触点,得"红包"

对于很多本地化的食品种植企业来说,种植链上存在一系列的质量控制点,那么,每一个环节都可以请消费者代表来旅游式监控,在这个环节,为热心的顾客设计后续优惠,那么,企业可以收获两份回报:公信力增加,消费者锁定。这也是一种询盘环节设计的思路。

● 降低吐槽率,得红包

大家听说过"海底捞"的故事,他们给排队等候的顾客发工具,让他们折纸鹤,5 毛一个回收! 这个手法其实很粗糙,但这个方向是正确的,在客户容易吐槽的细节,设计"红包"。

● 以物易物

本地化企业还有另一种可能,以物易物。当您的商品中,有一道工序,一种原材料可以由消费者来承担时,特别是当这种工序和原材料具有杠杆效应时,一定要尝试以物易物,实际就是价格扣除。

还记得我们给出的菜场灌制香肠的案例吗? 这就是一个很好的案例。如果你的企业立志于服务本地,请一定尝试这种手法。

询盘和选款,在新的时代,就此具备了完全不同的含义和玩法,赋予了"增值"意义。

订单结算：常规武器也能生花

在移动时代，支付当然不再受制于营业时间，消费者 24 小时可以完成支付，而且，电子支付年代，提前支付，是提高转化率的一个重型武器。

移动时代：订单结算已经便捷化

订单结算便捷吗？我们举一个典型的微信 O2O 案例，哈哈镜鸭脖，感受微信上的消费者购买过程：

第一步：微信上进入哈哈镜服务号后，先通过 LBS 功能，搜索你身边是否有店铺（启示：企业的每一个终端都可以变成产品的配送点）；

第二步，如果有，则进入商品菜单，选择你需要的商品；

第三步，确认商品及金额，进入支付页面，支付有两种：微信支付或货到付款；

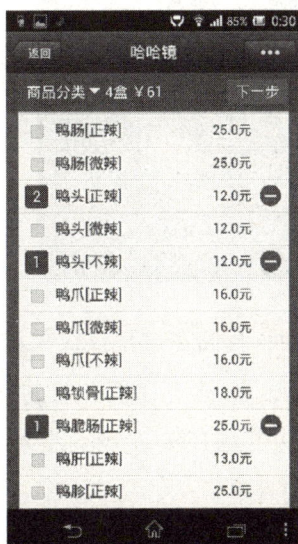

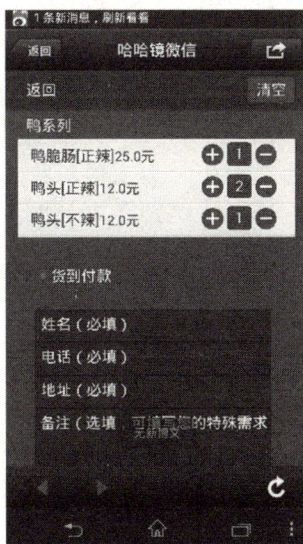

第四步，订单确认微信及短信通知，店家还会电话与买家联系，再次确认货品，并告知送货时间；

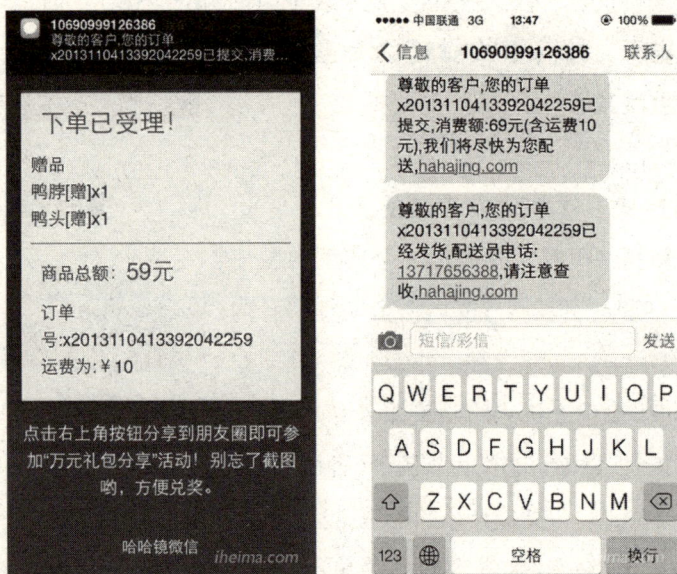

第五步，坐等哈哈镜美女送鸭脖上门享受吧。

虽然这个案例中有 O2O 的亮点在里面，我们在这里仅仅关注它的订单支付环节，整个支付流程非常便利，毫无压力，甚至比团购支付还要简单。其实，从 2013 年 11 月 22 日，小米在微信上专场开卖 15 万台小米手机开始，移动支付的时代已经悄无声息地来到我们身边了。

我们一直认定，支付环节是一个大生意，必然会出现持续的技术进步和大规模整合,未来的移动平台,不太可能是"淘宝支付宝一家人"的年代,未来的移动平台,嵌入的是新型金融机构的支付结算工具,便利性只会越来越强。另外,移动平台不等于微信,移动时代会更为碎片化,有更多的移动平台会出现。

对于企业来说,订单结算不会是个问题,将这个功能用出花样才是个问题。

锁定式支付:吸干需求,让竞争者无单可接

前面举了华为荣耀3C的逐级展示方法,可是,华为这次在设计中,还是有一处薄弱环节:荣耀3C在12月16日开发布会,据说是敞开式供应,巨大的bug(漏洞)出现了:为什么不提前锁定消费者?为什么不让消费者确定性的从淘宝的"双12"活动、从小米的抢购、从中兴努比亚的选择中退出,提前下订单?如果做到让上市前的一个月之内准备购买的消费者预付款等候,让上市后两个月的消费者积极购买,那么,市场上的竞争对手,从哪里得到订单呢?

魅力型商品,要勇于吸干需求,让市场河流断流!这就要在提前支付环节做文章,吸纳消费者的注意力,逐步让消费者投入精力,调动消费者的贪嗔痴,最终不由自主地完成订单,甚至扩大订单。

有一个现成的案例,可以看到明晰的思路:2013年的淘宝双12红包。

淘宝双12的意图很明显,把11.11—12.12这个传统旺季的订单吸干,提前锁定消费者,以免消费者"乱串"——跑到京东、当当、苏宁易购上去。他的策略很直接,一元顶10元,一元顶100元,一元顶1 000元,这个策略很难说是一个创新,但是它的演绎

手法很好，效果也确实很好。

手法：红包牧场种红包

活动时间：2013 年 12 月 2—8 日

用户如何获取 12·12 红包种子：1 元钱换取种子

- 用户进入淘我喜欢的店铺。即可用 1 元钱换取红包种子。每个用户最多换取 10 颗。付款成功后种子会自动发给用户

- 根据用户在红包牧场的培育，种子变成果实被摘取后，会有机会变成 1—4 999 元现金红包，100％有奖

- 每个用户不限制种子的拥有总数量

- 如果截止至 12 月 8 日 24 点，种子仍未播种，换取种子时支付的 1 元不予退回

- 如果截止至 12 月 8 日 24 点，种子仍未结果，或结果后未被摘取。换取种子时支付的 1 元不予退回

通过小游戏获得

- 在红包牧场，会出现每两天更新一次的小游戏。分别为音乐家、爱消除、拆包裹

- 通过小游戏，用户有机会抽得种子和 1 元钱的小额红包

养大红包之红包牧场：红包种子的成长与结果

- 每个红包种子，从种下开始的 4 天后（96 小时），无须灌溉就会自然结果。果实即可采摘。

加速成长方式

- 通过灌溉营养水，用户可以加快红包种子的成长，更早的收获果实，更频繁的播种红包种子。

- 每颗种子最多获得 3 次灌溉机会，每次灌溉可以加速 32 小时的成长（即缩短 32 小时的成长周期）。

● 为了保证种子不被淹死,每次灌溉营养水需要距离上次灌溉 10 分钟。

● 营养水的获取,需要通过完成任务获取。

可以获得营养水的任务(每天上限 18 次)

● 分享活动(每天最多获得 6 个营养水)

　　每次通过活动组件分享活动,吸引一个用户对分享链接的点击,就算完成一次分享。即可获得 1 个营养水。

● 活动会场签到(每天最多获得 3 个营养水)

　　通过红包牧场的任务清单签到选项进入各分会场,点击签到即可获得营养水,每次签到限获得 1 个营养水。

● 淘金币(每天最多获得 6 个营养水)

　　支付 100 淘宝金币即可获得 1 个营养水。

● 淘宝手机客户端签到(每天最多签到一次)

　　用淘宝手机客户端扫描电脑任务二维码完成签到。签到一次可以获得 3 个营养水。

当消费者参与这个活动时,在淘宝设计的游戏中玩得不亦乐乎,一边种出尽可能多的红包,一边提前搜寻中意的商品,她已经使自己深深地陷入一场"购物局"之中了,不仅不会跑到京东去,而且还会一再增加自己的预算。这也是为什么淘宝每次活动后的订单量巨大的原因之一。

华为荣耀 3C 的首发,看来还没有彻底"互联网化",至少在这个环节,显露出了盲点。

货物交付不等于物流

货物交付环节,卖场时代是钱货两清,淘宝时代是"网页＋快递",而这些显然不是移动时代的货物交付。移动时代和魅力商品邂逅,能擦出何等的火花?

魅力化的货物交付

轻击鼠标网上购物，1个小时后，屋外就传来了嗡嗡嗡的螺旋桨声——商品已经送来了。打开门，一架无人机停在院子里，机腹处挂着一个包裹，取下包裹，无人机缓缓地飞走了。

这样的场景是不是很科幻？但科幻正在慢慢变成现实。亚马逊CEO贝索斯在接受美国哥伦比亚广播公司"60分钟"节目采访时表示，亚马逊可能在未来4年至5年内实现用无人机送货，届时只要距离大型库房16公里半径方位内的客户，都可以享受"专机"送货服务，"我知道这看起来很科幻，但其实不是……而且它非常环保，比开着卡车到处跑好多了。"

对于亚马逊这样的公司来说，这个计划当然不仅仅是优化他的货物交付环节，亚马逊更看重的是对未来重要的技术及其应用的议程制定能力，这种能力能帮助它在资本市场和最顶尖的技术人才那里建立信心，而这比什么都重要。

中国企业当然可以发挥"地头力"，设计出很多本地化应用。皇太吉用美女老板娘开奔驰送快餐，野兽派鲜花店派"木村拓哉"式的美男送花，小丑鲜花店设计小丑表演式交付鲜花……这些还只是表层的运用。

对于很多魅力型商品来说，它的杠杆效应是出现在和消费者的某一个

场景共振的时刻,那么,在这个共振的时刻,表演性、梦幻性的体验式交付产生的价值可能会超过商品本身,我们在前面的章节设想过珠宝业开设"婚礼岛"的概念,那个概念就是基于这种原理的考虑。

当物质越来越丰富的时候,体验的价值会超过商品本身。恰好今天在网上看到一个丘姓证监会处长离职去养殖土鸡的新闻,这种"丘处鸡"试图复制"褚橙",模仿痕迹太重,不如从交付环节打开市场,这里存在瞬间撕开市场的重武器!

● "情理之中,意料之外"的效率型交付

很多商品到了成熟阶段后,需要在交付环节"简配",把效率拉上去。目前的快递方式,其效率并不高。如何设计一个更有效率的交付环节?

答案是融入消费者的生活,在其原有的流程中玩"嵌入"。

武汉有一家经营各式水果的电商,如果用快递交付,那么退单就会带来庞大的货物损耗,自己建立物流也不现实。这家公司换了一个方式:在小区中建立了一种类似超市储物柜一样的柜子。消费者在下单后会获得一条手机短信,下班回家后,在小区入口处的柜子处输入密码,就会有一个柜子弹开,里面是其定的商品,如果对货物不满意,可以即刻退货——显然,这种退货的损耗下降了很多。

在这个案例中,货物交付比快递人性化了很多,它没有让消费者觉得

"多"出了一件事，而是嵌入了下班回家的原有流程之中，降低了各个环节和成本。

货物交付不只是物流，而是可以智造产品魅力，或提高销售效率及效益。每个行业都有自己的特点，在货物交付环节可以做出非常多的创新和增值！

针对痛点的设计

"痛点"是互联网企业搞出来的一个名词，意思是消费过程中不爽的环节。别小瞧了这个名词，这个名词的背后站着两种帮你从竞争中胜出的思维——竞争导向和创新。

从需求导向有时候很难获取竞争优势，消费者往往需要某种东西，但他们不一定愿意付出相应的钞票，或者你的企业不一定能生产出这种东西。竞争导向则比较务实——凡是存在"痛点"的地方，都存在机会。这些痛点往往在行业中见惯不惊，视而不见，要想在这里掘金，往往需要创新。

● 依托服务解决"痛点"

在向国际接轨的这几年，中国市场上凡是涉及服务的环节几乎都被僵化了——露八颗牙齿的笑容、标准的礼貌用语、规范的流程，僵化的结果是员工累心，顾客烦心。

有一种普遍存在的问题是流程设计，营销领域的流程基本上是照搬国际惯例的，注意力普遍集中在单个岗位，而不知道对整条流程进行优化。

当一名消费者在机场做各类曲线运动、通过长长的流程才能办完手续时，他是多么的无奈。好在后来有了"易登机"，终于改变了流程——客户不再往返"折腾式"行走，去一个一个工序办手续，而是一个一个的工序依次从客户前面移动。优化这个服务流程，也是很多高档餐厅，健康体检机构竞争中取胜的奥秘。

这个流程还可以扩大取值范围，因为存在很多行业盲点，比如餐饮业中的净雅,5年前就知道观察客户的全过程,发现客户离店环节是个盲点,当时他们推出了一个简易的服务,让包房的服务人员送客户上车,目送客户离去,收获了非常好的效果。

我们常常被问到如何打造"高端"商品,老板们的思维总是聚焦于专卖店的设计,包装盒的设计,我常常回答他们,最需要提升的是所有客户界面的服务流程。这条流程不用刻意设计得珠光宝气,而是要拥有洞察力和创新体验。

把痛点的解决固化在产品中

发现消费者痛点,解决方法当然不一定依托现场服务,还可以把方案固化在产品中。

在早教行业中,原来流行过一阵"国际大师级"产品,有一种来自美国的杜曼闪卡,据说是国际顶尖的专家研究出来的,分不同的时间段,给不同月份的宝宝进行教育,给小宝宝快速地看卡片上的内容,可以科学地开发智力。国内的企业很快就依托普通老师的内容设计打败了这种"国际大师级"产品。

他们发现,痛点在教育环节,有多少妈妈能够按部就班地讲述卡片上的内容的? 有多少妈妈每次都会耐心地去收拾满床的卡片,然后收拾到盒子里面的?

于是他们用"读书郎"这种产品打败了国外的产品——年轻的父母们给小宝宝一叠卡片,小宝宝自己插进去,按上面的图,会有电子声音代妈妈们发声,告诉宝宝是什么。宝宝因为可以用手按,而且获得响应,这个互动的设计,可以让宝宝学习的时间更长,妈妈们也可以抽时间去处理点其他的事情!

这就是利用痛点打败"垄断技术"的例子。

显然,任何企业都可以通过观察消费者与产品接触的各个环节,从中发现消费者的痛点,然后把解决方案设计到服务或者固化到产品中去。

百变：传播链

市场规律：高效的套路总会失效

中国市场上有一个大家都能体会到的规律：当一个套路化的东西被广泛认可时，也是这个套路开始失效的时候，更为要命的是，在这个套路开始失效的时候，往往正是其费用涨价涨得最高的时刻。

各行各业的人都有这种感受：当投电视广告被称为"相信品牌的力量"时，其费用达到了一个可观的高度，而按照这个套利成功的企业开始减少。当白酒业开始大面积流行盘中盘理论时，也是酒店相关成本最高的时刻，同时也是企业开始唱"成功，没那么简单"的时候。建材行业，当大规模集客式促销被广为学习时，也是各位老板们头痛的时候，成本和收益很快就逼近平衡点，随时面临亏损的局面……

套路（所谓模式红利）一定是有生命周期的。在市场营销中使用套路，不像物理数学这些更为恒定的理论，而是比较符合索罗斯的反身性理论：使用的人越多，一方面会把要素成本哄抢得越高，另一方面会导致消费者免疫力越强，最终加速套路失效。

然而，企业还是需要接近套路化的东西，比较容易上手和使用。那么，在传统传播方式越来越失效的时刻，我们需要依据新形势，做出新的套路即新的传播模式。

传播系统的变化

一个公认而无争议的传播系统必须有两层结构：一是传播目标层，目标层相对简单，即传播的目的是什么？让消费者接受什么。二是传播要素层，要素层包括信息发布方、信息接受方、信息传播渠道、信息内容及形式。

我们可以迅速地发现：传播系统的两个层面都在发生变化。

传播目的层已经改变。

中国前几十年的市场营销，其"土壤"是相当好的，不是产品需求稀缺就是一波又一波的产品升级需求，在这种前提之下的传播目标是解决竞争，即相对竞品"我的产品更好,更新,更强大",或者相对竞争厂家"我更有实力、更值得信赖"。

然而当下的市场已经出现变化,"需求"如野生动物般岌岌可危,消费者物质生活极大丰富,很多行业面临的就是需求的"相对萎缩"。比如电视冰箱这类商品,10年前各家各户在购买时十分看重大小、品牌,现在呢? 即使很富裕的家庭可能也是用的老款的液晶电视。

还有的装修公司为了体现个性,在新房的装修设计中根本没有设计电视墙,他们的理念是"客厅的主题不应该是电视"。所以,电视产业都在考虑未来的电视究竟承载什么功能。

我们可以看到很多产业中,"需求"的基石正在松动,而另一方面,出现魅力型产品的行业,吸引和创造了大量的需求。即使在同一个行业中,魅力型产品出现,也会引发行业地震,原有的需求如同马桶中的水,一旦被按下按钮,就快速的流失,再也不会回头。苹果手机出来后,风光无限的摩托罗拉、诺基亚跌落的速度,让多少老板感到害怕!

这种格局之下,传播的目的要切换轨道,要开始"激发需求",要开始魅力化。如果传播目的还是在千军万马中争夺"老需求",可能已经"未战而先败矣"!

传播要素层的变化。

要素层面的变化,市面上的书籍谈得比较多,主要有这么几点:

(1) 信息发布方(企业)

企业的形象不再"高大上",无论是国字头的企业,还是行业中一线企业,老百姓都是心存警惕。

(2) 信息接收方(消费者)

消费者接收信息更加主动,他们更多的会在需要的时候去自行搜寻相关的信息,而非被动接收信息。这也就是为什么强调信息"互动性"、"及时性"、"便利性"的原因。

(3) 信息发布渠道

渠道越来越碎片化,千军万马过央视的局面不可能再出现。而且,从信任度的角度来看，"微媒体"的价值反而更高。

（4）信息内容及形式

消费者不愿意接收商业信息，这就是"创造需求"阶段，商业信息越来越娱乐化、新闻化、潮流化的原因。

在魅力型商品的推广中，需要重新考虑"媒体"和"内容"，还要考虑的是角色的改变，最终达到激发需求的目的。要由大变小、由远变近的媒体选择；企业的角色需要隐藏到后台，设计的内容要更加去商业化，更加"软"……

高效传播渠道之一：由大变碎

谈到传播，还是离不开媒体，但是媒体的运用，早已不是投广告的方法了，我们一起来看看"隐销"中的媒体运用。

● 梯度传播系统对接碎片化媒体

现在的媒体界是什么状态？用乱成一锅粥来形容不为过。传统的大牌纸媒、各大门户网站虽然开始露出衰落的迹象，但是江湖地位还在，读者群大。一波新型定位比较窄而专的媒体，活跃度高，但是读者数量较小。一大波新型的新媒体的价值正在被发现，小到一个普通消费者的微博微信都受到重视。

在这个媒体碎片化的时代，给予了我们一个得天独厚的机会，我们需要从大到小的利用好媒体系统，形成梯度。

媒体如消费者，也有从众的特性。如果你的魅力够牛，制造的内容够牛，请按从上到下的方法去操作。

先找国外的媒体或国内的大牌纸媒，只找他们，如果能报道出来，后面跟风的国内媒体会不少。

Facebook 创业之初，没有哈佛大学后缀的邮箱根本不让注册，人的心理就是这样，越不让注册越有神秘感，因此，当时所有常青藤大学的学生都拼命想挤进去看看，而等 Facebook 开放常青藤大学的时候，所有非常青藤大学生们，也都想挤进来。

这种方法，用在媒体身上，一样有效。一旦形成话题和关注，这些大牌媒体的任务就完成了，他们不适合发布更深、及时性、互动性强的信息。

然后就进入一些"专""窄"的媒体，这些媒体，生存的基础就是内容的深度，因为内容的深度吸引了一批活跃的消费者，这些活跃的消费者的互动又能带来和影响一大群普通消费者。所以这些地方的消费者，几乎全是含金量高的消费者。

但是，这些媒体要求的内容深度会更深一些，这不正好是深度阅读的要求吗？有一个组织，他的产品非常小众，是一个教授"泡妞学"的课程，他们在豆瓣上的传播做得非常成功，他们找到了一个宅男们成立的泡妞兴趣小组，很严肃的给大家传授搭讪技巧，帮助宅男们提升男性魅力，让男人不会在自己喜欢的女人面前无话可说，可以让男人不会错过喜欢自己的女人，也可以让相爱的情侣不再有那么多的误会。

他们迅速建立了声誉，紧接着就推出了搭讪训练班，在北京地区招收学员，一起上街去搭讪，并且给予现场指点，名声很快壮大。目前收费已经达到2 800元/每人，在全国6个城市都有线下班，在 yy 上的线上班每次火爆。

在企业自己的自媒体上也是同样需要"更深入"、"更互动"的内容。"黄太吉"的微博中会偏爱矫情者，比如从万里之遥的美国飞过来只为一睹煎饼真容的餐饮爱好者，比如怀孕了不吃上煎饼就会胎动异常的准妈咪，比如送情人节礼物不能不选煎饼的痴情男友，这种互动让坐在电脑前刷微博的用户不禁批判自己，我只需要换乘3条地铁，压20分钟马路，有什么理由不去吃黄太吉煎饼呢？

这个节奏，是不是具有普遍意义？小米横空出世的时候是不是先用发布会撬动大媒体，然后在论坛和米粉们深度沟通？励志橙推出的时候是不是先用"故事"撬动大媒体，然后在一些碎片化媒体上培养粉丝？

高效传播渠道之二：由远变近

上一节中，我们谈到媒体的运用可以由大到小，对于很多企业来说，可以提供一种相对高效的方法。可是对于很多规模不大的企业，或者更小一些的经营者，比如个体经营团队，有没有可以企及的媒体可以运用？

究竟何为"媒体"

在大工业时代，大众型商品跑马圈地，"媒体"的功能就像喇叭，虽简单粗暴，但是效率高，谁都听得到。听到的人多了，按漏斗模型，最终的购买人数也不少。于是，消费者最终被置于各种喇叭之间，"烦死了"，他们说到，同时捂起耳朵。

魅力型产品时代，"听到"不管用，"好听"才管用，至少能使捂耳朵的手放下的东西才管用。我们可以反过来说，凡是让顾客觉得"好听"或者"愿意听"的信息承载渠道，都是媒体。

所以，魅力型产品当道的时代，企业别听那些互联网的家伙们忽悠，除了微信、微博、QQ之类的社交媒体，还有很多都是媒体。小型企业、个体经营者，可以找到更多、更适用的"媒"即"体"。

人扎堆处，就是媒体

我有一个同事，操作一个开关品牌好几年了，他们专做三、四级市场，镇是他们的主力市场，他们渠道工作做得非常好，但是今年遇到了增长瓶颈，因为渠道的潜力被他们3年的持续挖掘似乎挖到尽头了。

我建议他在渠道数量上无法增长时，让他的那些牛气零售商做点推广工作，找出各村中10年的老客户，开关使用10年基本上都坏不了，可以搞点主题活动，大张旗鼓地感恩一番。把布置店面的物料钱挪到村麻将室去使用，很快，各村的麻将室都开始有谈资了，牛气零售商也跟进及时，3个月之内要装修的顾客，都用"史无前例"的优惠提前锁定了……

麻将室，对于操作四级市场的客户来说，媒体功能远远比微信牛！谁说移动互联网时代，一切都要到微信上才能营销与销售？忘记所有的教条，记住这个关键定律：

人扎堆处，就是媒体。

信息时代下的人际关系，也是好媒体

一个留学过日本的中国人，一个学财务出身的人上，好像把他自己变成了一个媒体。

他具有优秀的金融分析能力和陶渊明的情怀，在打拼了十余年后，从深圳回到东北农村老家，买地置房，过上了田园生活。他在空闲之余，出于兴趣爱好，在一些论坛中谈论宏观政策，慢慢自己办了一个博客，因为其分析能从细节处推测出趋势，干货多，所以积累了很多博友。他还利用旅游时间，在北上广深等很多城市开个小小的见面会，真实的结识了一批网友。

然后，他开创了一个品牌，专门经营东北的优良大米和野生的蜂蜜。因为博友中很多都是投资界的人士，又非常关心食品安全问题，加上他本人又非常严谨，对产地、加工厂进行了半年的筛选和考察，相当于用自己为产品做了双重背书。他的大米每斤 8 元，起订量是 60 斤，在不买任何淘宝流量的情况下，每月可以平稳地销售 40 万—80 万元，目前整个村子的农妇都成了他的临时工人。

这个案例中，与其说他利用的是博客这种自媒体，不如说是把他自己做成了媒体。在新的网络时代，乡里之间的熟人关系可以成为全国性甚至全球性的熟人关系！这到底是部落化还是全球化？还是"全球部落化"？

在本节中，我们探讨了"近距离媒体"的运用可能，一个是利用顾客身边的聚集地，另一个利用的是最原始的熟人关系。

新的时代中，各类奇迹都会发生！

降低传播中的损耗之一：由"王婆"变"隐身"

本节讨论一个重要而实用的技术，商业角色的隐身化。

隐身：提升传播系统效率

如今的店铺老板，心头之痛莫过于网店抢生意，然而这么大的趋势逆转，是如何做到的呢？在理论上，这是一个系统效率设计的问题。在中国的营销史上，分销模式看重的是商户的地头力，所以整个销售系统的设计中，利润分配是偏向各级分销商的，在此滚滚大势之下，各级商人迅速富裕起来，抬高的成本由消费者买单。

到了草根马云的时代，他设计的销售系统是看重顾客的，认为顾客才是稀缺的资源，所以他的淘宝生态系统是偏向顾客的，赋予顾客千家比价，延时支付的权利，再辅以网络展示和物流等新元素，整个系统的效率非常高，最终表现就是商品价格低。

这两个系统，从设计之初就埋下了胜败的种子。

我们回到传播领域，是否传播系统存在一个系统优化的大机会？我们现今的传播系统是不是太僵化了？我们是不是在小的地方投入了太多的精力，而忘了在整个系统中优化结构？

这个答案是显然的。企业在目前的传播体系中，正是扮演的"王婆"的角色，亲自出面宣传。消费者看到王婆，怎会不提高警惕？

在媒体碎片化的时代，我们首先应该考虑商业角色的隐藏，利用一组与企业没有直接关系的商业角色来同消费者沟通，降低传播中的巨大摩擦损耗。

"我知道广告费有一半流失了，但不知道流失到哪里去了"在新的时代中，这句话不应该成为名言，而应该是作为一种无能的表现被鄙视。

国内的成功案例

国内有一些行业或企业，已经运用过这种手法，我们来看看茶叶行业和咨询行业。

除了十大名茶外，中国还有几千个大大小小的茶叶品种。可为什么这几年，大红袍火了，而其他的几千个品种，大多数仍然是"平民布衣"？

很多人会说，大红袍口味有特点，推广做得好、做得足等。这些都是成功之处，但是仅仅这些不足以导致如此大的差异。

有一个因数大家忽略了！它花钱的效率高！它讲一句话，比人家讲十句都管用！为什么呢？大红袍是仰仗政府在宣传！而其他企业则是一个人在战斗，只有企业自身做宣传。这两者的区别在于，政府和消费者没有直接商业利益冲突,而企业(生产企业)和消费者却不然。企业出面做宣传,卖自己的产品,消费者会时刻处于戒备状态,不停告诫自己:"可能是奸商的忽悠,我要捂紧自己的口袋。"

这是一种结构效率!

所以,只要条件允许,我们首先要考虑"隐"身份:隐藏自己的商业角色,设计几个角色,分别出来说不同的话,承担不同的功能。

很多企业运作市场的"惯例"和"常识"是怎样呢:坐拥非遗茶园,以一个生产企业的身份,向市场推广——买我的××牌包装茶吧,因为它出自最好的茶园。

能不能考虑设计另一种做法?

首先,推出一个茶庄,提升这个茶庄的地位。您的企业不是有非遗传人吗,非遗传人不要直接出面做具体事,可以高姿态委托技术总监经营:"不追求盈利,用心去种植,保持 N 大顶级茶园的位置就可以了。"技术总监肩负崇高使命,长年出没在各会所、专业会议、拍卖会,以其行业专家的身份,宣传非遗传人交给自己的"使命",并且教授品鉴、保存、收藏等知识。

再配套各类事件营销,拉高茶庄的市场地位。然后,再顺势推出一个"××堂"的包装茶品牌,这个品牌大力宣称自己的工艺来源与这个顶级茶庄的非遗传人,原料也是来源于这个顶级茶庄。

最后,为这个"××堂"设立一个竞争性企业,宣传上互殴,争夺"正宗"名分,价格低 10%。这样的市场就会热闹起来,话题不断。

如果企业采纳这个方案,应该比以前的习惯性做法成功率高吧。这仅仅是举例,相信企业家们能设计出更好的结构,把"隐身"这个手法的威力发挥到最大!

我们再来看看咨询行业。咨询方案可以称为高端商品,这种高端商品存在一种特殊的推广方式。行业内一家知名的咨询公司,从来没有投入过一分钱的媒体广告,年营业额早就过亿。它是如何推广自己昂贵的咨询方案的呢?

他有独特的方式——开设商学院。商学院以中国企业实战案例和实战咨询案例为特色，吸引了北大、人大的高才生和企业界具有强烈学习欲望的高管，这个商学院完全免费，立意高远，服务社会。开设后，实际教学效果很好，学员对商学院具有深厚的感情。

这些学员很快给予了双份回报：在日后的工作岗位中，只要有机会，就会把咨询机会提供给这家咨询公司；该咨询公司在做某个行业的咨询项目时，相关资料总能通过某个在该行业内的"钱学森"（前学生）处迅速了解……这种方式，关键在于结合行业特点，绕开媒体，创造新的接触点，并在这个接触点上完成多层次的信息传递，让消费者在深度接触中爱上您的企业，接受您的商品。

降低传播中的损耗之二：内容由"硬"到"软"

既然传播者需要隐藏身份，传播内容当然也不能"广告化"，硬性的"卖瓜"、"自夸"取不到好的效果，其中的损耗大到成为企业"无法承受之重"。所以，新时代中，所有的传播目的都可以通过软性的方式实现。

放大痛点，激发需求

以前的广告手法中，往往有一种放大痛点的方式，比如海飞丝的广告中，往往出现各类尴尬的场景，据说都是头屑引起的。而同样的手法，目前经常出现在门户网站的新闻版面上：

湖北统计局副局长半个月丢两辆自行车：再不骑了

"哎！车又没了。"昨天，省统计局副局长叶青短短5个字的微博，引起了不少网友围观。半个月，叶青在同一地铁站口丢了两辆自行车，他呼吁地铁口设立免费自行车存放系统。

昨晚，叶青接受晨报记者采访时表示，上次自行车丢失后，他已对自行车加强了防盗。前几天，他特意花了58元买了个防盗锁，这把锁是他用过的最大的锁，没想到如此锁车仍然丢了。两次在地铁站口丢失"爱车"，这让他有些后怕。他打算以后乘地铁再也不骑自行车了，换其他交通工具前往。

采访中,叶青表示丢车不要紧,呼吁地铁口设立免费自行车存放系统。在指定区域设定免费停放点,加装栏杆便于锁车,安置摄像头用于防盗,让市民过上自行车与地铁联动的生活,"如果能够实现,丢十辆也值了。"

外媒:美国专家测算烧煤致 26 万中国人早亡

一项新研究表明,2011 年,中国煤矿排放的污染致使 26 万人早亡,并对儿童的健康造成损害。

这项研究由美国一位研究空气污染的专家受绿色和平组织委托完成。近几周来,中国北部和东部的许多地方都遭受了严重的污染。

披露并讨论中国环境问题的独立网站"中外对话"的编辑伊莎贝尔·希尔顿说,煤炭是中国空气污染的主要原因。煤炭燃烧造成"重金属污染,并造成相当严重的微粒污染",她说。

根据格雷的研究,尽管中国煤炭消耗量的增长有所放慢,中国仍有 570 家在建或筹建的燃煤发电厂,如果任其发展每年会多造成 3.2 万人早亡。

老百姓对这种"新闻"的免疫力几乎为零。这两个新闻中,明显地运用了传统广告的手法:放大痛点,其结果也一样,就是将金钱转移到自己的产品中来。不同之处是广告中的"海飞丝"换成了"免费自行车存放系统"、"某种新能源技术",其支付方也是由消费者直接支付换成了财政的二次支付。

对消费场景的占有

当年王老吉花巨资在广州地区做广告,培养消费者"吃火锅,喝王老吉",希望把自己的产品同吃火锅这个场景关联起来,这种手法目前也可以变成免费,变成更具有传播力的方式。

美国医生利用谷歌眼镜直播手术过程

美国俄亥俄州立大学 Wexner 医学中心的外科医师已尝试使用谷

歌眼镜去直播手术过程，用于教学用途。

该医学中心的整形外科医师克里斯托弗·凯丁（Christopher Kaeding）在一次标准的膝盖韧带手术中佩戴了谷歌眼镜。在最初佩戴谷歌眼睛时，他感到自己的习惯被干扰。凯丁表示："在手术中，你有着特定的感觉。但令人惊讶的是，我很快就习惯了这款设备。"

其中一名学生里安·布莱克威尔（Ryan Blackwell）表示，谷歌眼镜使学生们获得了第一手经验。他表示："大部分学生无法在手术室中观看手术，而只能在手术室外尽力去了解更多。但通过谷歌眼镜，你可以获得这样的手术经验，这在以往是不可能的。"

马格努森则表示，谷歌眼镜拍摄的实况可以供多名学生学习。作为一名医学教育者，他认为这将使理论课更具互动性。他表示："假如我们正在探讨膝盖的解剖学，那么观看真实的膝盖手术将使课堂更活跃。"

这就是对消费场景的关联手法啊，同王老吉不同的是，它这种方式更加详细地展示了产品的逐项特性，更加的细腻。

表达热销，增加销售

广告中的一种惯用的手法是强调自己产品的热销，"卖出的产品，纸杯能绕地球 N 圈"之类的手法，试图打消新消费者顾虑，减少老消费者的品牌转换。这种手法，目前也是变成了各种新型媒体的内容。

有一家教育网站，2013 年初时各商业网站和新锐网站上都有分析这个教育网站的文章，都是各种赞叹，各种羡慕，各种学习之辞，到了下半年的时候，这个"强大而成功"的教育网站关闭了！

以上我们分析的是几个传统传播策略的替代方法和案例，大家不难发现，这些传统的智慧都可以在新时代重生，而且可以有更大的承载力。更为可喜的是，隐销时代的传播，远远不止传统传播策略这点东西……

更为细密的层级,更具张力的角度

大媒体中的"软性内容"可以取代原有的硬广告功能,可是"广告"策略本身是在广告版面稀缺、高成本、垄断性的前提下产生的。在媒体丰富化、碎片化的时代,整个传播的策略自然也丰富起来了。现在的传播在各个碎片化媒体中,可以从各个层面解析、剧透与产品相关的信息,在每个层面中,又可以用不同的角度展示。

我们回到荣耀 3C 的案例,在写这个章节的时间,这个产品的发布会还没有开始,还有两天时间,我们看看自媒体上出现了一些什么样的角度的传播:

- 准备下周入手荣耀 3C 了,初步计划是买五台,春节回家送人,一直为春节回老家给亲戚们送什么东西在犹豫,原来计划是 MATE,这几天看了 3C 的配置,感觉更合适,MATE 还是太大了。其实也想过小米,奈何抢不到,加价买就不值了。

- 俗话说了,好久没联系人,要是突然在 QQ 上跟你打招呼了,那恭喜你,要么是找你借钱,要么就是结婚了让你随份子……别说了都是泪……12 月 16 日是啥好日子啊,怎么那么多人结婚,还好我要赶着去荣耀 3C 的发布会,都期待那么久了哼,让你们这群结婚的没法得逞!

- 表侄女最近睡觉前老主动替我按摩:难道是女汉子基因改造成小萝莉? 昨晚哥主动问了一句,表侄女窃窃:这个月多给点零花钱呗,圣诞元旦礼物就免了。多钱? 不多,也就你半个月工资,买俩荣耀 3C 玩玩,顺便送闺蜜一个。尼玛,以前的礼物才花 20 块钱好不。

传播方式由各类"软性内容"替代了原来的硬性商业广告。那么,这一切的背后,是怎么控制和生产出来的呢? 需要什么机制呢?

去中心化传播

"去中心化"社会:一个可以利用的童话

我们先用一个假设的故事,开始我们的话题。如果一个屋子里只有两个人的食物，却有 5 个人，采取一个自由竞争，胜者为王的方式让大家争夺稀缺资源，公平吗？很多人认为是公平的。但是，加上另一个层面的结构，可能就会发现不公平——如果这 5 个人，其中三个是老人、孩子、妇女呢？这就是西方设计的市场经济的规则，这种公平规则，使得非洲的孩子企业消失了，所幸没有让中国的老人企业，孩子企业消失，它们蜕变成了强壮企业，我们应当感到万幸。

如今"去中心化社会"来了，给我们描述了一幅美好的画面：不再有单向的权威的媒体，人人都可以发声，都可以表达。然而，这种美好的东西，给阿拉伯国家带来了"阿拉伯之春"，怎么看都不像是获得了民主，而更像是美国幕后操纵，达到了它的目的。

人类社会在达到某种状态之前，太美好的东西往往不真实。在公交车上让座，首先要有座位，"求真"往往是小众的，"求存"更"普世"。

对于企业来说，空谈美好社会没有太多的意义，企业急需在"去中心化社会"的表层结构之上设计一个结构，把自己变成一只看不见的手，让各类自媒体、微媒体、大媒体们往自己设定的方向前进。

商业信息制造：向各层级媒体"众包"

上一节我们谈到很多软性信息的作用，这些软性信息是如何制造出来的呢？前提当然是您的产品具有魅力源，有了前提，手法上的秘密就是"众包"。

众包在维基百科上的定义是这样的：众包指的是一个公司或机构把过去由员工执行的工作任务，以自由自愿的形式外包给非特定的（而且通常是大型的）大众网络的做法。众包的任务通常是由个人来承担，但如果涉及需要多人协作完成的任务，也有可能以依靠开源的个体生产的形式出现。

我们可以用更直白的语言来描述：当企业拥有魅力源时，需要把魅力源演绎成各类软性信息，这个任务，不再由广告公司完成，而是由媒体编辑，活跃消费者，普通消费者完成。

众包给媒体编辑

让传统媒体报道,特别是争相报道,是个难题?

原因在于企业还没放弃投广告的思维,那是找小姐的思路,钱货两清。有魅力了,自然要改成谈恋爱的思路。

现在的纸媒,自身日子难过,需要内容,没有内容,就没了饭碗,这就是好机会。把你的市场部众包给媒体不是很好?

把魅力化的环节再美化一下,请他们(媒体人员)过来体验,结果往往比预期的好。

众包给消费者

● 找出"带头粉"培养"热力粉"

如果试图圈住消费者,营销界的智慧也没有超过"以华制华"的方略——让消费者影响消费者。只是,企业需要分阶段,逐步炒热。

首先,往往需要动用商业手段,搞定"带头粉"。带头粉就是老式教科书中的意见领袖,类似股市中的"带头大哥"。大家还记得骑马舞的兴起源头吗?美国三大流行天王凑巧都推荐了这个当时还是亚洲二流歌手的视频舞蹈,他们都是劳模吗?每天会听音乐界中创作出来的数以千计的新歌?……

其次,培养热力粉,任何企业都需要一群热力粉,他们会帮你形成一个信息扩散圈。对很多企业来说,这些人实际上是二、三级的意见领袖,他们有一定的社会地位,有一定的金钱和时间,有一定的见地。提供他们特殊的体验,把企业中的商业环节开放给他们,他们就会去"秀"他们的"超国民待遇"的魅力体验。这种人很多,不难寻找和合作,因为这里面隐藏着人性,没见到博客上那么多人炫耀自己在全球各国"瞎转悠"的经历吗?那还是"全自费"的……

● 给"围观群众"发选票

有了以上两个群体,就有了火种和火堆,要想形成燎原之势,还得千千万万的群众才行啊,可是国人的群众,大都是围观群众,不容易做出头鸟,也不容易行动。但是，稍稍改变一下，采用发选票的方式，就能改变他们：

国人都喜欢高人一等，各类选票都有部分"大权在握"的快感，不要小瞧这种快感，从快乐女生开始，这种手法就在企业中屡试不爽。围观群众一下子就会参与进来。微博的流行也不仅仅是140字的低门槛，而是大家被给予了一种上台喊话的快感。那么，我们可以把魅力环节开放，让千千万万个消费者公测，投票……各类话题就会源源不断地延生出来。

当商业手段渗透进"去中心化社会"时，企业就成为一个隐形的控制者，在弹奏一曲多层次的传播乐章。

第六章　套　利　无　声

套利：企业不可不知的奥秘

套利，在下定义之前，我们先用直观的案例来观察其作用：什么样的企业需要用它？套利究竟是一个什么样的"神器"？

企业长寿的奥秘：套利

自从苹果公司出品 iPhone5 开始，各大网站上就有各类嘲笑苹果的图文出现，大家开始讥笑苹果公司创新力下降，恶搞它的苹果手机从第 5 代到第 10 代只会做大小上的改变，连外观都不会变。

对于苹果公司来说，这当然是一个危险的信号。我们不知道苹果公司如何化解这种危机（我们预测是再次研发出新一代潮流性炫产品，引发全世界消费电子产品的新风潮，如智能穿戴设备、智能手表、智能电视等），但是我们要提示性地指出如下现实：

对任何产业来说，都存在技术跃升期（突变期）和技术停滞期。从长远的周期看，后者时间更长，这恐怕是确定一定及肯定的事实。当产业处于技术停滞期的时候，产业内的竞争者不可避免地会赶上来，这个阶段，魅力型企业的优势会急剧下降，企业如何渡过这段漫长的日子？

如果一个企业的盈利来源都集中于产品差价，一旦到了技术停滞期，利润会大幅下滑，从而引发资本市场的唱衰、员工的离去……恶性循环可能会启动，这种故事每隔几年都会出现。只有当一个企业的利润来源多元化时，企业的资金会更充足，渡过这段日子的可能性会加大。

苹果遇到的问题，也是索尼曾经遇到过的问题。不同的是，在漫长的技术停滞期，苹果有当年投资入股的产业链上核心零部件厂家的盈利收益，苹果还可以依托巨大的服务产品持续产生利润——各类软件的分成收益和部分广告推送收益，所以，苹果公司依然光鲜亮丽，索尼则因为盈利点过于单一被打倒，到目前为止还在努力复苏。

2014 年 2 月 6 日，传来索尼要出售 VAIO 品牌电脑业务的消息。趋势比预测来得更快……有网友预测，过不了多久，SONY 手机也会逐步消失，SONY 彩电也存活不了太久，能够留下的或许只有游戏机了。

我们想说的是，没有在魅力产品之上设计套利模式，硬件做到顶级精致的索尼，恐怕也免不了成为工业化时代向移动互联网时代转型失败的案例。

新锐企业崛起的奥秘：套利

经过 20 年的竞争，中国各产业都形成了比较集中的产业巨头，在这些巨头们的身后，是他们树立起来的种种门槛，小型企业的生存空间越来越窄。

移动互联网时代的到来，上述产业格局坚冰的局面有机会被打破，各行业都有新锐企业崛起的空间。

强者弱处不经打。什么是领导品牌的软肋？利润型产品。各行业的巨头已经习惯于高端产品高毛利，而且，行业中的"高端产品"的生产或组装门槛并不高，一旦有企业主攻高端产品，采取低毛利定价，就会在市场上引发"追求美好生活的屌丝"们的追捧……这是一个普遍性的机会，新锐品牌逆袭领导品牌的产业机会都来源于高端产品，小米手机只是一个手机行业中的例子，乐视 TV 在 2013 年开启了互联网电视集体冲击传统电视机品牌的攻势，类似的景象很快会在其他行业看到。

问题是为什么行业巨头们不强势反击呢？其中一个重要的原因是利润。高端产品的毛利差价是巨头们的主要利润来源，他们宁愿市场被分掉30％，也不愿意放弃这一块的利润。但是小米手机、乐视 TV 这些新锐品牌的商业模式，却并不把核心产品的毛利当做主要盈利来源——行业巨头们的噩梦开始了。

这将导致他们逐步走向更惨的境地,直到他们开始扭扭捏捏地放低姿态。这不,索尼的高端机器价格也降到"传统"定价水平的一半了,华为走得更远,任正非甚至开始考虑依托华为手机建立电子商务渠道,在这条渠道上卖阿根廷牛肉赚钱!

新锐企业如何玩转这种模式?他们把利润率打到极低的水平,甚至是零,然后用产业杠杆在其他商品上盈利,在资本市场盈利……各种各样的套利手法支撑了主打商品(亦称明星品种、大单品)的低利润甚至亏损式"疯长"。

企业组织力的来源:套利

中国企业面对的内部管理问题正日益突出:员工不再像 10 年前的员工那么单纯。在"房奴"、"车奴"、"教育奴"、"医疗奴"的生活压力下,员工变得更有谋略,一边"家臣化",对老板如同皇帝般的无条件服从,一边联合各部门人士,形成一个完整的体外循环链条或者体内循环链条,大发其财。而企业,也就成了一堆人而非一个组织,摩擦损耗大于价值创造,裂变的力量强于集中的力量,企业开始频繁动荡或停滞不前。

这类管理问题单纯从做事的角度,从"规范管理"的角度是解决不了的,只能从业务系统的联动中来寻求解决之道。

咨询公司是公认最难管理的企业。知识性工作者不愿意接受"缺乏人性关爱"的刚性管理,厌恶等级森严的组织架构,加上咨询作业的过程与结果基本上是"手工活",项目质量和客户满意依靠"手工师傅",所以咨询师和公司所有者之间的博弈就特别强,分配体系无论怎么设定都不打不成满意的均衡,最终咨询公司不断裂变,骨干咨询师纷纷自立门户搞小作坊,所以咨询公司被称为"做不大"(没有规模化基因)的公司。

有一间咨询公司却在这种产业特点下实现的迅速做大。它的商业模式特点,就是运用了产业套利,即利用咨询服务切入客户的 IPO 项目,因为互相信任和知根知底,客户通常愿意引入其作为一个小的投资方,作一个 PRE

IPO 项目，1 000 万是非常小的投入数额，但其 3 年盈利是 5 000 万到 1 亿之间，比咨询项目的盈利大好几个级别，咨询与商学院（培训）项目的盈利贡献，反而成为次要来源。

这种模式相当于用咨询资源撬动了投行业务，咨询部分的收益基本上分给项目组，老板的收益来源于投行业务，小产业撬动了大产业，苦逼产业撬动了奶酪产业。这种套利结构的设计，支撑了该公司在咨询业务中的分配方案设计，分配最大限度地倾斜到员工，内部管理难度直线降低，人才得以汇聚，业务规模、公司体量也迅速规模化。

在其他的产业中，我们也发现过类似的案例，业务层面一旦设计了不同层级的套利，不仅仅带来了营业额的增长，而且对内部组织管理起到了巨大的作用，组织的优势才得以发挥。

以上是套利思维及模式对公司盈利及组织结构的几种常见作用。套利的最大用处就在于，当您的业务模式具备套利性时，你的公司就会形成价值链上的比较优势，领先行业内的竞争对手，通常，竞争对手的噩梦就开始了。

套利比白送更有成就感

生活中的套利智慧

一位朋友很高兴的给我说了他的"幸福史"，他前几年技术移民到美国，去年卖掉了父母留给自己在的上海老房子，拿到手的钞票在美国买下一个大 house，现在享受着美国的福利，过着优哉的生活……

这是一个生活上的"套利"的案例，如果剔除道德考量，他在成本和收益两个方面都成功实现了置换：

● 生活成本

当上海的生活成本比美国贵时，为什么不去美国生活呢？

● 生活收益

同样的技能，在国外收入更多，办公室政治之类烦心事更少，而且社会福利非常高。

日本人到青岛定居,黑人到广州定居……当身边越来越多的"生活套利者"出现时,可曾想过,这种智慧能用在企业经营上?

套利：成本置换术和利润创造法

套利是来源于金融领域的一个名词,在通常的理解里,是一种狡诈的金融投机手法。翻阅过金融的早期资料,寻找这个词的来源,发现了更为本质的定义：市场上总会存在"不合理"的价格,通过种种关联合约的买卖,可以赚取稳定的差价,这种获取差价的行为被称为套利。

如2013年全年黄金和白银的价格,虽然整体上都是下降的趋势,但是每次下跌,白银比黄金下跌凶猛,而反弹的时候,白银时间长而慢,对于专业的金融人士来说,这就存在一个天然的套利方案：一个时段做空白银,同时做多等值黄金,另一个时段做多白银,做空等值黄金。

现代金融已经将套利做到了匪夷所思的程度,他们控制和垄断了一种生产资料——货币,然后通过一系列的辅助措施,可以实现对多个国家的抽血,1997年东南亚金融风暴的痛苦回忆还未过去,2014年针对新兴市场的汇率狙击,似乎又要重演1997年的故事,土耳其里拉、印度卢比、阿根廷比索、南非兰特、巴西雷亚尔、俄罗斯卢布等新兴市场货币的价格都下跌得触目惊心。

整个过程中的运作手法虽然繁复,但主线是无比清晰和简洁的——引导大量的货币进入一个地区或者数个国家,10—20年后,非常迅速地引导天量的资金离开这个地区(这次抽离的主信号是退出QE)。

这个地区或者是国家,在长达数十年的外来货币滋养下,各类企业如同鱼池的鱼群一样拼命繁殖,当养成资金依赖症的企业突然遇到货币抽逃,这些企业也会如同鱼群一样缺氧而亡——在缺资金的冲击下,只剩下产能过剩、资金成本带动各类生产成本过高,过渡发展恶化了环境……

剩下的故事,就是外部资金进来收购,当年韩国汽车厂差点被廉价买走,这次,又有不知道多少"大鱼"企业被以垃圾价格被买走。金融大鳄的套

161

利手法，可以小而化之地用在企业的"多产业套利"上。

套利：如何让企业持续盈利

对于企业来说，"如何获取利润"是个"死生之地，不可不察"的重要问题，而恰恰是这个问题，往往被企业所忽略。企业要么是高调地谈论着"企业使命"和"产业的政经环境"，要么是一派"血汗工厂"的务实作风。

然而，具有伟大的企业理想的企业也不一定会获得更多的利润，甚至不能更好地生存下去，务实的作风也不一定能带来更多的利润。空谈《道德经》和奥巴马不能解决企业的盈利问题，血汗工厂更是随时面临倒闭。

我们认为："如何获取利润"更多的是个技术问题，其主要手法就是"套利"。简单解析一下熟悉的美国企业麦当劳是如何实现套利式盈利的：

先看生产环节中的套利。对于普通餐饮零售企业来说，店铺租金、设备、食物原料，这三个东西一定是成本，而麦当劳可以依托自己的市场地位，把它们变成利润点：店铺租金是从时间周期上来实现的，它进驻新的商业中心、大型新区会利用自己的市场地位获取非常便宜甚至是十年固定租金的店铺，然后，它把店铺按市场价格向加盟者转租，那么，在优惠期之内它将稳定的获得这个环节的回报。

设备盈利的道理同店铺租金类似，只是变成了一次性利润。食物原料环节怎么获取利润呢？原来找农民收购土豆，比如农民每亩 500 斤的产量，卖给麦当劳 1 元钱一斤。麦当劳联合上游的种子公司后，跟农民说，你种我这种高产土豆吧，亩产 1 000 斤，我出 0.55 元一斤收购，你每亩多赚 50 元，而且我公司以后只收这个品种的土豆。于是相对竞争对手，这个环节它又获取了稳定的利润（同样的手法也用在鸡肉、牛肉、面粉等所有原料采购上）。

接下来看看产业上的套利。麦当劳只要多走一步，按 200％ 的数量买店铺，然后把富余的店面租给其他商户，就可以通过经营在地产行业上盈利——"麦当劳的自持商铺一般会把用不完的一些店面分租出去，收取租金。而这类商铺所产生的房地产盈利很高，并且商铺的增值溢价也很高。如深圳光华店，麦当劳在一层只给自己留了一个较小门面，设有外卖柜台和引导客人的服务生台,其主餐厅设置在二楼。麦当劳将一层的多家店铺均出租给了小商家,包括服装店、鞋店、小吃店等。通过网络查阅到一份转让启事显示,麦当劳深圳光华店 2012 年 8 月出租一个大小为 25 平方米的商铺,租金为 8 万元/月······"

然而在地产行业上的套利不是麦当劳产业套利的全部,至少还有一个产业套利设计:金融行业套利。一个企业发行股票,比如到中国香港市场上市或者到未来的中国国际板上市,无非是 1 块钱变成 10 块钱估值的把戏,模型上是一种类似传销的游戏,1 块钱进去,10 块钱出来,再拿出 3 块钱,买下另一家企业 1 块钱的资产,再次打包增发,变成 $10-3+10=17$,理论上,通过这种金融炼金术可以买下全世界! 这就是高端时尚的"产融协同""兼并重组"背后的血腥原理。通过这两个产业套利的设计,麦当劳老板眼里的其他餐饮同行老板,可能不过是"杨白劳"而已!

最后来看看经济周期上的套利。麦当劳是研究全球各经济体的经济周期的,其中当然包括中国。按照某些人士的算法,当年麦当劳进入中国时,带来美金,美金同人民币的汇率是 1∶8.5,美金很贵,在中国变成了当时廉价的人民币。在中国经营 20 年后的今天,它早已经到了收获期,他赚取的是人民币,这个时候廉价的人民币已经变得昂贵了,汇率是 1∶6.1。

所以,无论是成本还是盈利来源,都有足够的运作空间,大量的套利机会,存在于被企业忽略的环节中。而在成本和盈利上玩出的成本置换术和利润创造法,就是套利。

套利的设计原理

套利的两大方向:利润和成本

在本书中,我们探讨套利是在一个常识性的逻辑起点之下展开的——既然涉及利润的因素是成本和利润,所以套利的指向就是成本和利润,或者说对习以为常的成本与利润的重置、变化甚至颠覆。

我们发现，市场上的"高昂成本"，很多都是可以用其他的方式置换的！这些成本，往往是惯例，往往是习以为常的，以至于边际产出越来越低的时候，企业家居然也"软刀子割头不觉死"，想不出革新的方法，砍掉高成本。

另一方面，利润来源也绝不等于产品差价，可以实现在前端、中端、后端的多点盈利。能不能设计成在产业链上多点盈利，并非只是多赚点钱的问题，而是在"免费"大潮来临之时，能不能生存下去的问题。

套利的前提：魅力型产品

在 20 年的市场竞争中，中国的每个行业都呈现由分散到集中的规律——家电数千家企业如今只剩下十余家在市场上盈利。

在整个产业链上这个趋势依然将继续下去，只不过以隐形的方式进行：有魅力产品的企业将会从整个产业链上的分散环节中"抽血"，实现盈利的增加，如麦当劳对农户的"掌控"，intel 与电脑生产企业的"合作"。

如果能认清这种思维的本质，你很快会发现，这种"抽血式"的盈利方式会扩大到更广的范围：利用一个产业上取得的成功，向多个其他产业中的企业抽血。

当《冰河世纪》系列动画片成功时，中国东莞的很多企业开始给 20 世纪福克斯贡献利润——当一个个迭戈、希德等卡通头像出现在授权的鞋子、书包、笔盒、服装、玩具、儿童食品、书桌、台灯等产品上时，这些企业必须拿出"大红包"给 20 世纪福克斯。当 20 世纪福克斯某一天在中国国际板上市时，当报纸上大谈中国股市开始国际化时，大量股民的钱注定会成为福克斯"金融炼金术"的原材料，这就是扩大到金融产业套利的思维。

要想达到这个"美好境界"，企业必须打造出"魅力产品"，这是前提，请忘记隔靴搔痒的"品牌"吧，全力打造魅力产品，这才是企业的基石，也是套利的基石。

套利的范围：产业链、产业圈

传统的精益生产是在企业的内部环节进行成本优化的，但是优化成本当然不只是精益生产者的专利，从经营的角度，有大量的优化成本的机会，何必非要"螺蛳壳里摆道场"？当富士康把企业从深圳搬到河南，他已经开始运用企业"外因数"对内部环节进行成本优化了。

套利的边界就是整个产业链和产业圈。用产业链上的元素把原来的高昂成本替换掉，用产业外的元素把原来的高昂成本环节替换掉，如富士康转移工厂置换的地价、人工、融资及优惠政策等成本，这些节省的成本都将变成富士康的净利润……

进一步反思，我们为什么要沿袭古老的运作方式？我们能不能重新设计整个方式，不再满足优化原来的"高价点"，而是把整个成本结构置换？同样运用产业链和产业外的元素？

再进一步，能不能同时做到降低成本，还能增加魅力？

……

这一切，就是我们在套利部分探讨的内容。

此处，让我们用兼具理性和感性的文字，将套利的核心思想先刻在你的脑海里：套利，就是用最小成本（MC）、最低阻力（MR）、最少消耗（ME）去套最大利润（MP）。

得其一者（MC、MR、ME，下同），可以站着把钱挣了；得其二者，可以坐着把钱挣了；得其三者，不仅能躺着把钱挣了，而且睡觉都在挣钱。

套利方法之一：置换固定成本

从成本角度套利，其实是一套成本置换术，用相对小成本取代原有的昂贵成本，即实现 MC——成本最小化。这是企业家心头的梦想。

单点套利：置换最大的成本环节

对大学应届毕业生来说，2013 年据说是史上最难的就业年度，网络上流传一个段子："其实文凭不过是一张火车票，清华的软卧，本科的硬卧，专科的硬座，民办的站票，成教的在厕所挤着。火车到站，都下车找工作，才发现老板并不太关心你是怎么来的，只关心你会干什么！"

我在一次同企业的交流会上就是以这个段子开头的，讲完后，问了一个问题：大量的金钱时间投入换来一张文凭，大家觉得没必要，那么，我们做企业的，是不是也有很多巨额的投入，看起来是理所当然，而实际上起不到决定性作用呢？

大多数人陷入茫然与沉默。

置换商铺成本：小生意人的方法

如今地产租金昂贵，大多数商人称自己是为房东打工，在一个店租支出占到营业额 40％—60％的年代，店铺成本通常是主要的经营成本甚至风险。

营销人的圈子里面流行着一堆理论应对这个问题：选址模型，店面空间利用，店面醒目设计……这些"科学"、"大师气质"的东西被广泛采用后，其实是把思维引入了几条狭窄的胡同。我们来看看身边的小商人、个体户，他们是如何解决这个问题的？

我们小区附近有一个修锁开锁的妇女，外地人，她没有本金去繁华地段开一家小店，也没有关系能在繁华路段去设个户外小摊点，她只能在居民区里面租了一间屋子，生活生意两用。

很明显，她的难题是小店的客流量不足。不仅每天经过她的屋外的客人不多，而且开锁是临时性需求，居民真的有需求时，不一定能想起她。

她的解决方法相当奇特，她居然找了一个同乡来卖一种早点——豆馍，她大方地提供了自己屋子的空间给这位同乡放她的摊点车，并且告诉其同乡，早上 8:30 以前这个地段没有工商的人来管理，所以这位同乡来了。

这位卖豆馍的老板也是一位奇人，她一个人能做三个人才能做的事，豆馍做得如同流水线生产，在几个大锅之间周转，收银，分切，制作，流水线从来不停，更为可怕的是价格便宜，吃一份热干面加豆浆 5 元，吃她的豆馍 1 元就能吃饱，于是周围几个小区甚至很远地方的人都会跑到这里来买早点，很多人骑着摩托车，在去公司的路上绕进来买点东西带走。

这种生意的特点就是熟人化，时间久了，买卖者之间会成为熟人关系，那位开锁的女士早上也会和买卖双方聊聊天，帮帮忙之类的，半年之后，大家都知道这里有个开锁的人,还有一份信任感,知道她不会趁人之危收高价,她的生意也就好起来了。

这个案例中,我们可以明显地看到,她显然没有分析产业,分析开锁这个行当需要一个什么样的店铺,需要多大的辐射范围,高峰客流量需要达到多少,也没有考虑怎样去高效利用店铺空间,更没有考虑如何做店铺设计从而令人印象深刻……她所做的是,增加一个新业务,通过新业务吸引流量,从而把居住地点变成旺铺。而且,用这个手法,置换了部分原本高昂的房租环节。

置换商铺和土地成本:企业的方式

部分行业的企业也用过一些特殊的方式来取代成本,比如物流业。曾经有一段时间,物流业存在一种非常好的方式来取代庞大的仓库用地成本。

他们的方式是不断移动。

中国二十年房地产高速发展的过程,就是一个城市不断向外扩张的过程,在这个过程中,规划局不会临时征用农民的土地,那样的难度很高,而且成本也非常高,他们通常会提前规划,先把未来几年需要的土地征用过来,以待未来商用。

这个时候,就是各类物流园的机会,他们可以非常廉价的拿到这些土地做物流园,搭些可以拆卸的钢构仓库,就可以经营了,直到政府让其搬迁,通常他们可以获取一定补偿费用。这曾经是一个稳赚不赔的生意,这个方式就实现了成本替代。

我的一个朋友用了另外一种方式置换了昂贵的店铺成本。武汉的建材市场,商户之间竞争激烈,铺租高昂,每月150元/平方米的商铺也很正常,而且"巨型店"特别多,每个市场中,都是"大品牌＋巨型店＋设计师高返点",于是只有大户能红旗飘飘,中等商户每况愈下,很多人只能亏本经营。

我这个朋友以前是一个企业的高管,出来创业,财务上的实力当然没有办法和大户相比,他倒是一个奇人,联合了一大堆小商户,联合买断了市场6楼的写字楼,改造成了商铺,主攻毛利高的商品,当消费者被设计师带到6楼时,他会获得看得见的实惠,大众商品比外面便宜,高档商品比市场上便宜50%。十个月后,现在居然有50%的消费者是慕名而来的。

这个朋友硬是自己造出了一个市场,而且,他的隐形盈利更是惊人,当时市场为了做示范效应,6层的售卖价格比住宅还要低廉,一年后的今天,已经增值三倍!

其实,这种方式在广东福建一带早已经成型,在北京,很多服装店也是把店铺"藏"到了写字楼。这种方式,就是企业把主要成本置换出来的案例。

任何高价成本环节：都能找到方法

凡是大项的成本环节都有置换的空间,服装业的人工环节占比就比较高,当人工大幅度涨价时,怎么办?

有些劳动密集型企业提升机械化程度降低人工,但是有些企业把每条生产线分拆了,分拆到了内地。我的老家在武汉的郊区,目前村村都是大量的服装厂,村民可以用自己空闲的几小时去务工,连小卖铺的老板娘,也一边开店,一边带孙子,一边剪线头……这种成本,比广东圈养工人的工厂成本低很多。

哪个环节是成本密集区,就想办法置换成本。这是成本套利的第一个手法,是最基本的手法。

套利方法之二：置换推广成本

营销推广成本,用前端环节置换出来

家电业,每一个细分领域都是从上千家企业厮杀到了寡头垄断的产业格局。新玩家进入,要面对大规模生产的门槛,面对品牌号召力的门槛,还要面对渠道门槛……所以,这个行业,新玩家成功立足的案例很少,大部分是以巨额亏损收场。

格兰仕杀入洗衣机行业,成功的手法值得借鉴。

2012年的洗衣机市场,只剩下了大玩家,除了博世、西门子、松下等国外品牌,国内品牌基本上是美的、海尔的天下,以前专注洗衣机领域风光一时的荣事达、小天鹅陆续被美的控股,其余一些国内品牌市场份额都不高。这个时候进入这个市场,成功率恐怕非常低。

如果用传统的方法,生产一系列产品,招募庞大的营销团队,去开拓卖场,去打广告,搞促销……老百姓买洗衣机的时候,不会为了便宜100—200元去改变品牌偏好,更何况格兰仕凭什么能便宜100—200元?是能获取制造成本优势?还是能降低渠道成本?或者是降低自己的利润?这些在"贴身紧逼"的家电业都不现实。

格兰仕选择了行业利润较高的滚筒洗衣机,而且只做了一款,推出的价格非常劲爆:999元!可能读者不知道999元是何等水平,我们提供两组数据供大家参考,同行的同等洗衣机基本上在3 000元左右,格兰仕这款洗衣机的重量是108斤,做过生产的朋友对这个数据应该敏感,由钢板、塑料、电机为原材料的产品,最终零售价9.25元/斤,这是一个相当难以实现的价格。

当它推出这款产品的时候,各大媒体已经争相报道,消费者早已经翘首以盼。接着格兰仕和苏宁达成协议,相当长一段时间让苏宁独家销售,这一点对于急于扩大苏宁云商网络平台影响力的苏宁来说,无异于是雪中送炭,这是从京东、淘宝等强势电商平台抢夺人流,吸引消费者形成第一次购买行为的"大杀器"啊。于是苏宁也拿出了合作条件,绕过了"常规"的利润要求,扣点极低。最终,得以实现999元/台的售价。格兰仕借此一战,强行挤进了洗衣机市场,成功立足。

这个案例中,套利点非常多,我们只看最大的套利点:

- 在家电产业中,用原有的思维方式,推广成本是一个固定门槛,要想让老百姓在某个品类认同一个品牌,投入门槛非常高,而收益不确定,至少在达到某一个庞大的销售额之前无法分摊。格兰仕反其道而行之,通过一款产品的"惊爆性"超低价上市,替代了数年的"品牌豢养费",既节省了开支,又把固定数目变成了流动性支付,降低了经营风险,实现了产业链上的跨环节套利。
- 原来的渠道合作模式是提供扣点,产品是作为渠道的收入来源的角色,现在,产品角色被调整为苏宁的流量获取器,角色变了,当然也就不再背负原来角色中的高扣点的"义务"，实现了渠道环节的套利。

这是 MR——阻力最小化，即将市场运营阻力最小化的套利手法。

前端成本，用后端环节置换出来

如果现在要在城市修一个江边公园，会怎么做呢？会向上司要经费吗？这个巨大的前期建设成本，靠上级系统拨付费用解决吗？

这种想法弱爆了。如今的政府，普遍性地运用了跨环节套利的方式，完全可以用商业化的手法"零投入"地把公园建设出来。

如果是地点比较偏的地方，这个问题非常好办——找来一个大型房地产商，规划 10 万人的居住，以"优惠"的价格供给 3 万户的土地给第一家地产商，附加条件是把这个公园给建好，地产商本就是要规划小区环境的，自己处于一线江景，建设江景公园也并非 100％ 是额外成本，于是很痛快地答应了。然后，把剩下的 7 万户土地分批卖给第二、三、四家地产商——整个过程，对政府而言，不仅仅公园没有花钱，而且获得了土地的增值收入！

如果是繁华地段，没有周边的土地可供运作怎么办？也可以倒过来考虑，让后端的相关人士过来操作：

- 大型儿童乐园：公园里面本就规划了儿童游乐场，找三家过来，自己负责自己区域的建设，条件是三年免收费用，于是摩天轮、旋转木马就出现了。
- 围墙改店铺：为什么一定需要围墙？公园不需要围墙，把原来围墙的位置改造成店铺，让租户提前交费，同样是三年免费，于是围墙和大门也搞定了。
- 健身器材：把体育彩票公司找来，让他们赞助，老人们以后在健身器材上健身时，会对体育彩票公司有一份亲近感，这个比以后在公园内摆摊发传单效果好，于是健身器材也出现了。
- 草坪和树木：草坪和树木找种植商，允许他们五年后逐年把成型的树木拿走，换成小树木……于是种植商有了免费的地，又有了样板工程，公园也不用雇用人手日常维护绿色植物了。

......

整个项目运作下来,发起方的前期投入为零!这是 ME——消耗最小化的套利手法。不要怀疑,这是一个真实的案例。

传统企业:都能运用跨环节套利

任何一个企业,都可以把前端成本改变形式,设计对消费者的黏性,通过向消费者众包的手法完成。

任何本地化企业,只要你的产品实现了魅力化,你就有机会通过产品节奏的设计,把巨大的营销和推广成本置换出来。

......

五年之内,我们的读者中的一部分人,看明白魅力、隐销、套利的逻辑以及本书倡导的"无限生于无"思维的企业家,会让各行各业发生巨大的变化!

套利方法之三:羊毛出在猪身上

成本套利,最为激动人心的手法不是上面两节中介绍的方法,而是主动切分市场,重置一条产业链。

这段语言听起来气势很大,不过我们不会用过于煽情的文字来叫嚣,那样做会影响读者吸收,接下来我们一步一步地来看看这种方法的应用吧。

重置产业链:大众产品改变前端成本结构

对于中国商人来说,"专业"似乎是个很可怕的词,那些"专业"的家伙们往往成为产业链上的某一个环节的垄断者,家电业里有"专业"的国美、苏宁,珠宝业里有"专业"的戴比尔斯,IT业中有专业的 INTEL……当一个产业中出现这种局面,企业的生存状态就很艰难,至少难有大的发展空间。

联发科当年就面对如此的局面。当时的手机市场,诺基亚风光无限,联发科作为芯片厂商,给诺基亚供货,必然要承受各类"严格要求",无论它怎么努力去做血汗工厂,最终依然可能成为杨白劳。

那么,是否可以像 INTEL 一样,搞出个"联发科 inside"的标志,成为消费者评价手机好坏的考量因数，从而获取更大的利润空间呢？也不可能，因为它的技术实力远远不能支撑这条道路。

这个局面似乎糟透了，在元件供应商的竞争中，自己不占优势，下游客户又是寡头分布，怎么办？

联发科主动切分了市场，他把手机市场中低端消费市场切分出来，然后去重置了一条完全不同的产业链，最终成就了自己。

当时的手机市场，技术变革并不频繁，诺基亚在市场上玩"换壳"战术，每年出一批新造型的手机，高价销售给追逐时尚的人群，对于低端市场来说，消费者也希望年年换新款手机，但是诺基亚的价格，显然承受不了。于是联发科决定专注于这个市场。

它首先想到的是重新设定产业链上的角色。既然生产价格敏感型产品，就要让下游的手机成品生产商数量多起来，把毛利率拉下来。所以，联发科运用自己有限的技术，提供整体解决方案，其本质是降低了手机制造环节的技术难度，变成了"组装车间"、"螺丝刀工厂"，只要买壳，买电子件就能组装出一台手机。

很快，千千万万个创业者出现了，他们中的一部分是家庭工厂，毫无管理成本分摊，连国家税收都未缴纳，"入网许可证"这种费用也被省掉，当一台"山寨机"的价格以300—400元的价格出现在消费者面前时，市场上刮起了一股"山寨风"。联发科成了"山寨机"产业链上的王者。

虽然现在的市场格局有了巨大变化，但是如果没有当年的山寨王者，今天的联发科，可能早已在竞争中消失。

重置产业链：高端产品改变后端成本结构

这种手法和思维并不是只在低端产品类别中有效，在高端产品中同样有效。只不过，高端产品，原有的产业成本集中在营销推广端，当然要在这一段重置成本结构。

国内最近几年崛起的一个白酒品牌，其产品价格集中在每瓶600—1 200元，同样运用了这种手法获得成功。在白酒行业，新品牌要面对各地强势的经销商,显然需要支付巨大的渠道成本。

这家企业就成功地重置了产业链,他发现,高端白酒的消费者中,有一部分是商务大户,他们的年度消费量非常大,如果抓住这一部分消费者,虽然不能成为第二个茅台,也足以成就一匹黑马。于是这家企业把自己的产品直接定位在商务市场,直接找这些商务大户做酒类经销商,提供他们类似联发科的一揽子服务,这些大户往往是矿老板、煤老板、房地产老板,自己用量大,资金实力强,当地人脉也非常好,在企业的指导下,自己消费掉一部分,卖掉一部分,酒类业务很快就能做得有声有色。

这家企业凭借这种重构,迅速成为行业中的黑马。如今这套做法,已经成为白酒企业的标配,国酒茅台甚至专门成立了定制酒销售公司。

总结一下产业链重置套利的方法:

第一,切分一个被忽略的细分市场;第二,重新设计运营方式,倒转成本结构;第三,走通新道路——这就是通过重置产业链套利的三部曲。

套利方法之四:挂羊头卖狗肉

在新的时代里,依赖产品差价来生存只能越来越困难。如何摆脱单一的差价盈利模式,转向多点盈利呢?

其实不难,可以从三个方向上设计套利新招:向产业外要利润,在产品生产端创造利润,在产业链上创造利润。

跨产业盈利:挂羊头卖狗肉

"挟天子以令诸侯":互联网企业的玩法。

最近几年,互联网企业很火,赚大钱的,用的都是套利的手法干这行的活,赚其他行业的钱,形象地说,就是"挂羊头卖狗肉"。

360依靠免费的杀毒软件,逐步建立了一个企业帝国;小米依靠高性能低价格的手机,成长为手机业内一个重要的玩家;乐视推出了低价格的互联网电视,股价一路飙升……

这些企业原来都是行业中的弱者,或者干脆是业外人士,手中的行业资源并不多，论产品，360 的杀毒软件没有当时的金山软件好，乐视的电视质量也不及创维 TCL 海信，第一代小米手机的维修率和美观度都不占优势；论品牌，他们都是新品牌，远不及其对手拥有的中国驰名商标。但是他们无一例外地在行业中成功了。

如果这种成功是"不赚钱的成功"，如果这种成功是用破坏行业平均利润率换来的，那岂不是损人不利己？也不值得称道和研究。可是这些企业盈利性很高，而且持续性更好，小米短短三年实现 300 亿元销售额，企业的估值已经达到 100 亿美元！

他们的利润来源手法，其实非常简单——跨产业套利。

360 不断强化安全的概念，推出了 360 杀毒、360 安全卫士、360 安全浏览器、360 网购保镖、360 保险箱、360 压缩软件等产品。通过这一系列的产品吸引了 4 亿用户。然而运营公司是需要大量资金的，而免费的用户没有带来根本的利益……这就是它的主业，是一个赔钱的买卖。

如何利用这 4 亿用户，将这些产品变为现金才是最重要的，它的手法是向其他行业的企业收费：

- 通过 360 安全浏览器，并且锁定主页为 360 导航，其获得了大量的搜索广告费用以及其他网站支付的流量费用。
- 360 游戏，通过其积累的客户，帮助一些游戏公司推广产品，获得收入。
- 通过软件管理器，推出"装机必备软件"，向一些需要推广的软件企业收费。

那么，这种"干这行的活，赚其他行业的钱"的手法，吸金效果如何呢？

2012 年，奇虎 360 公司全年收入达到 3.29 亿美元，比 2011 年 1.68 亿美元的收入增长约 96%；净利润为 4 675 万美元，去年全年为 1 560 万美元，增长 200%。非美国会计准则下，除去相关期权费用，360 本年度盈利约为 9 735 万美元，去年全年净利润为 6 359 万美元，增长约为 53%。

拥有巨量的客户，然后依托客户数量向其他企业收费就是神话背后的本质。"挟天子以令诸侯"，就是对这种跨产业套利的手法的形象描述。

2013 年,百度李彦宏公开指责 360 董事长周鸿祎的做法像一头狼破坏了产业生态链,让中国互联网企业蒙受指责。周鸿祎回击道:你们缺少的不是狼性,而是人性。

传统企业也可以"挟天子以令诸侯"

在我们身边,"挟天子以令诸侯"这种手法已经存在了几十年:大家每天看的报纸,并不是靠产品的差价来盈利的。众所周知,80 页的报纸售价一元钱,一元钱不仅不能反映内容制作的价值,已接近当废纸卖的价钱。报纸怎么盈利呢? 其"狗肉"是出在发布广告的企业身上,读者不过是报纸贩卖广告的"肉鸡"。

为股民服务的证券公司也采用这种手法,国家规定证券公司收取的手续费不得低于成交额的万分之八,但是很多公司冒着被国家处罚的危险把手续费降到万分之四,甚至万分之二,这种行为非常类似经销商们的"低价串货"行为,他们为什么要这么做呢?

为的是扩大客户数量,越是成交金额大的客户越是对手续费敏感,当一个证券公司拥有大量的大客户时,它就可以向其他公司收费,获取盈利——很多基金公司需要向其客户推销基金,证券公司会把该基金直接在交易软件中推荐给客户,相应的收取信息发布费和成交后的抽成。

"挟天子以令诸侯"并不是唯一的跨行业套利的手法

模仿成功者通常都不会有大的成功。对于传统企业来说,仅仅学习互联网企业的招数是不行的,原因很简单——这种手法需要很大的客户基数,对于大多数传统企业来说,并不具备这种基础。

那么就要开发新的手法,我们一起来看几个"形而下"、"高大上"的案例:

王永庆卖鹅

在开碾米厂期间,一次偶然的机会,王永庆发现乡下每户的人家养的鸡、鸭、鹅因粮食短缺没有足够的食物，都骨瘦如柴故没人愿意收购。王永庆就试着用碾米厂的碎米和稻壳，磨碎了混在一起喂鹅，结果成功了。王永庆就大量向农户收购瘦鹅，集中饲养两个月后就成七八斤重的肥鹅，结果王永庆发了笔小财。

这个案例中，王永庆通过从事 A 产业（大米加工厂），赚到了 B 产业（鹅）的钱，这就是最质朴的跨产业套利。

套利金融产业

有一名企业家，家族中三代人从事珠宝产业，到他本人这代，本以为做到数亿的年产值达到了家族事业的巅峰，结果其一小辈帮他把企业运作上市了，"一上市，到手的利润比我们 3 代人积累的都多，不敢想象，我们企业在经营中要赚到这么多钱得多少年"。

这种现象比较普遍，所以很多企业全力以赴，争取上市，在金融市场上实现盈利。

套利地产行业

前不久一位先生要去投入汽车 4S 店，大家很奇怪地问他，如今开 4S 店不太好赚钱啊，为什么要投，这位先生说为的是占块廉价地，以后转用途卖出去……

我们在市场上发现一个现象，有些行业各个环节都成为地产商了，都在依靠地产在获取利润，开工厂的生产环节，在激烈的竞争中，其利润并不来自产品差价，而是来自早年买下的工厂用地，每年通过经营把自己土地的地租变现出来（每年计算厂房租金在生产成本中）；同理，其零售商也是早年买了旺铺，目前通过经营，在把自己的铺租变现出来……这是干的本行，盈利靠地产行业的案例。

变现溢出效应，"跨产业套利"的原理
由上面几个案例不难发现，跨产业套利存在更为多元的手法，有着更深刻的原理。

"跨产业套利"的原理是什么？无论是新锐的互联网企业，还是古老的报纸行业，王永庆的灵感，都符合同样的原理——任何一个产业中都存在各种各样的溢出效应，只要能找到溢出效应的产业外变现方法，都能做跨产业套利。

我们研究证券公司，他们的跨产业套利的手法远比互联网企业丰富：

● 在 Pre-IPO 行业盈利

证券公司在股市服务上获取的经验，能帮助其获得在 Pre-IPO 行业的竞争优势——他们资质更好，行业特性更熟，业内人际关系更多，帮企业运作上市的把握更大。所以，无论是中信证券还是广发证券，都获得了庞大的Pre-IPO 业务利润。

● 在企业理财行业盈利

证券公司地位特殊，往往能看到更多的"底牌"，更能准确地通过买卖股票获利，他们利用这一优势，承接了很多企业的理财服务，一些现金充裕的公司，把自己的资金交给他们运作，获取财务运作回报，相应的，证券公司获得巨大的"服务费"。

● 在贷款行业盈利

证券公司的融资业务，其实是一种银行业务，类似马云给小淘宝店主贷款，证券公司的融资就是给其股民贷款。因为证券公司随时监控股民账户，可以强行平仓，所以这种贷款是无风险的，而且获取的利息差远远超过银行。

……

通过这些手法，证券公司就获得了外界想象不到的盈利，在传统行业中，有多少代理商、经销商，一直依赖产品差价过日子、把差价视为唯一的利润来源？证券公司能不靠手续费（相当于产品价差）过日子，我们的经销商们呢？

在产业外变现获得溢出收益，每个传统企业都值得借鉴，改变苦逼的命运。

套利方法之五：生产端变成利润池

传统行业中的企业是多样化的，不是每一个都是行业巨头，完全克隆互联网企业的"吸引海量用户，然后向其他企业收取费用"的模式不会取得希望中的成功。对于千千万万个中小型企业，发展中企业来说，仅仅实现跨行业盈利也是不足的，他们需要开发出更多的利润获取方式，本节我们把眼光拉回到行业内，企业内部。

如果企业在生产的时候，就已经在创造利润，而且是真金白银的收入，岂不是要爽到偷笑？这不是幻想，对于魅力型产品来说，是完全可以实现的。如何做呢？需要在基本的生产要素上动脑筋，把产地、设备、原材料、员工这些原来是"成本"的要素，变成"吸金利器"，可行不？

新利润点：产地

我们在前面的文章中介绍过产地魅力化的例子，欧洲很多历史悠久的跨国企业已经这么做了，中国才刚刚开始。来看看一个政府正在设计的案例：中国宝谷。

武汉市政府决定在 2030 年前打造一个 3 000 亿元产值的武汉东湖国家珠宝文化旅游产业基地（简称中国宝谷）。该项目选址位于东湖风景区磨山景区南部南望山北部及毗邻地区，项目占地面积 6 000 亩，其中核心区占地面积 2 700 亩，力争成为中国最大的珠宝文化旅游产业项目。

中国宝谷将覆盖珠宝产业的各个层面，从工业设计、新材料研发、先进装备研发、珠宝销售、特色旅游等，形成完整的产业链。到 2020 年成为 800 亿元产业园和特色旅游地，到 2030 年，成为具有国际地位的中国珠宝产业中枢、中国珠宝行业研发、孵化中心和珠宝设计与创意中心，将打造成 3 000 亿元产业园和特色旅游景区。

作为 5A 景区的一部分，"中国宝谷"还具有纯珠宝旅游业态高度聚集的优势。在珠宝创意设计与科教游览区，设有专门的前站项目，为顾客提供更好的购买体验；在珠宝文化鉴赏与休闲度假区，可以进行特色旅游购物，观赏奇石,在婚纱摄影基地拍婚纱照;珠宝展示交易与旅游购物区,可观赏珠宝博物馆、举办文博论坛,进行旅游教育培训等。

这是一个政府主导的项目,剥去其大手笔的外衣,其核心思路是明显的——开放厂房,开放店铺,做大旅游收入,而且,旅游的人越多,厂房和店铺的销售越好,一个首尾相接的良性循环形成。

可惜,企业中很少能找到这样的案例。在魅力化商品营销中,产地的盈利化比较容易实现,唯一的难度在于把握好规模。当今各大城市周边的农家乐,已经升级出了不同的版本,而在小规模的"农家乐"和大规模的"宝谷"之间,存在很大的落差,这就形成了一个中等规模的市场,只要同工业旅游、同生活场景嫁接,就可以做到产地套利,也可以为本地市场的开拓打下坚实的基础。

新利润点：员工

雇员是成本,这是个习以为常的经营的常识,却不是绝对真理。在体育界,在影视业,员工不是成本。

电影业不必说了,坊间不时传闻,一名大导演推出一名女明星,后期多少年的收入都要参与分配,又不时传闻,某男星出名前,曾经交钱拍电视剧。体育界也类似,常常有传闻说某明星出名后,其年收入需要被各类导师再分配⋯⋯

对于这些极端的产业来说,溢出效应巨大,出现这种模式也并不奇怪。那么对于企业来说,能不能做到员工套利?

企业如果试图进行员工套利,同样面临一个技术难题——能否把握好"度"? 那些试图让员工"交钱拍电视"之类的想法是不道德的,也是愚蠢的。但是,可以设计"溢出价值交换",实现套利。

- 套利销售

麦当劳在中国做过一个很大的项目,试图被中国大学生称为"大学期间的第一份工作",它当然不会在直接工资方面有所企图,它希望优秀的大学生在它的企业打工,接受他的理念,然后把他严格的工作标准化为资讯传播

179

出去，也作为一份体验留存，在以后的相当一段时期内，这名大学生都会成为其忠诚消费者。

● 套利推广

很多产业存在工艺的优劣之分，当这个工艺是依托于人的时候，就有运用明星模式的可能。有没有企业曾经推出过明星员工、明星工艺，从而实现低成本推广的？

● 套利产业链

"一个犹太人在某地开了一个餐馆，生意很好，然后第二犹太人来了开了一个加油站，第三个犹太人就开了一个超市，这片很快就繁华了；而一个中国人也在某地开了一个餐馆，生意也特别好，然后第二个中国人也在那里开了第二个餐馆，第三个、第四个中国人同样也开了餐馆，结果恶性竞争，大家都歇菜了……"

这个段子里面隐藏着一种思路，如果企业主动扶持自己内部的员工在产业链的相关环节创业，这家企业会不会在行业中树立最好的口碑？会不会获得最快的行业信息？甚至当创业环节成为垄断环节时，能通过参股抽取行业利润？

新利润点：设备生产套利和零部件

迄今为止，能做到设备套利的只有电影产业。

拍电影需要巨大的成本，其中很大一部分开支在布展，有大片为了营造一个合适的场景，甚至会去搭建一个建筑，在里面完成大量的场景拍摄。这也算是他们的生产设备吧，当一个大片全球热映后，这个建筑往往会被保留，成为全球影迷旅游的地点。

在企业之中，几乎没见到运用这种手法盈利，但是存在运用的空间。

看看宝马车迷在玩什么：

这些都是车迷玩出来的创意家居，用宝马 S600 发动机、用 BMW 的轮圈做的茶几。他们怎么用这些创意品呢？有的人用在自己的家庭里，有的人用在自己的主题店里面！

　　永远不要低估消费者的热情,既然宝马车迷们可以用产品部件做元素运用到家居中,如果他们能参观宝马工业园呢? 他们会不会发现很多生产工具做元素,搬到家里、办公室? 如果是魅力型产品的生产企业,特别是本地化销售的企业,完全可以把自己的生产设备和消费场景对接,实现盈利,或者实现话题性扩散。

　　读者可能还会问,什么样的生产设备呢? 要怎么改进生产线呢? ……不用大的改动,我们建议您深入挖掘次级生产设备,次次级生产设备,在白酒、茶叶行业的生产过程中，存在很多小的生产工具，稍作处理，完全可以作为家庭的挂饰来陈列，体现主人独特的品位和对一个产品的了解程度。

还有读者要问，什么样的场景呢？只有家庭装修吗？当然不是，您的消费者是什么人，就需要找他的情感性场景，融入进去！每一个行业的消费者，都有许多场景需要去秀他的专业技能和对一个产品的热爱和了解深度⋯⋯

如果能找到这种手段，还需要在街上发印有品牌 LOGO 的文化衫吗？还需要赠送印有品牌 LOGO 的台历、雨伞吗？一个名利兼收，一个热脸贴冷屁屁，效果差别如同云泥⋯⋯

新利润点：原材料套利

前面的章节中，我们介绍过麦当劳的原材料套利方式，他的思维方式是种子公司—农户—麦当劳是一条产业链，当它和种子公司结成联盟时，它就可以从农户环节谋取最大的利润。

国内的食品企业有另一种手法，虽然不是很地道，但是其思维方式有可取之处。他们的手法是自己培育和垄断成分品牌。

某知名食品厂，其高端产品中采用了一种高端大米，据说这种大米是非常棒的大米。因为中国的大米，小产区品种特别多，它在做出选择的时候已经和产地形成了一定的买断关系，当它推出这种顶级大米的时候，市场非常迅速的认可了（其原理来自本书中的商业角色隐形化）。然后，这家食品公司成立了一家子公司运作这个小品种的大米，高定价卖给母公司和其他食品公司。当消费者核算成本时，会觉得其高端产品很实在，因为原料很贵啊，但是很难想到，利润已经在原料中提取⋯⋯

本节我们探讨的是如何将盈利点设在前端，其原理是来自人性，来自一个消费者喜欢体验的时代，在这样的背景下，成本不仅仅可以置换，还可以变性，变成利润来源！

任何的先锋艺术，都会变成未来的主流艺术，十年之后，这些理念都会成为企业的标准配置，那时候运用，就没有现在运用的空间和红利了。

套利方法之六：竞争者变成抬轿夫

为什么王永庆要教竞争者卖米？

很多人听过王永庆卖米的故事，早期的商业书籍中常常提到这个案例，借此讲解注重产品品质，增加服务，精细化管理需求等理念。

然而王永庆被人称为"经营之神"，恐怕其身上还有更大的商业智慧被忽略：

开米店成功后，后面的故事更精彩。王永庆主动教其竞争者，也就是嘉义的其他米店老板卖米，毫无保留的告知他自己发明出来的种种营销方式——记录客户的使用量，定期送米，把原来的米放在新米上面，所有卖的米都在店里经过挑石等工序加工……在商户圈子中，王老板成为"仁义大哥"，商道人道都为人所称道。

王永庆通过卖大米积累了资金，用自己十年辛苦经营的积蓄在家乡附近新店广兴购买了 20 亩山林地，在云林大坤和嘉义大溪厝共买了 5 亩水田，又买了碾米设备，在嘉义建了一家碾米厂，因为品质和价格都很好，加上圈子中的声望，一开张生意就很好，一直到 1941 年，第二次世界大战爆发，日本人实施"共进共贩"，王永庆的碾米厂和米店才被迫关门。

王永庆为什么要教竞争对手卖大米？ 他选择这样做，为什么反而获利更多？ 如果我们不去谈一些抽象的"商道即人道"之类的玄学诉求，这个案例里面，真正的有着必然性的商业逻辑在哪里？

在产业链上盈利的第一种方式：追随产业利润点的迁移

王永庆的商业逻辑被西方学者换了一种方式重新发现。国外的学者通过大量的计量模型获得过一个结论：很多产业的产业利润点在不断地迁移。

这个结论曾经指导过巨型企业的并购和剥离，比如 IBM 的企业历史上，最初依靠硬件产品崛起，当硬件产品生产环节的利润逐步下降时，它开始转向利润更高的服务环节，提供企业 IT 解决方案，提升软产品的占比，逐步卖出他的硬件生产公司，包括把电脑制造部门卖给联想，最近几年，IBM 又开始逐步"廉价买回"和兼并一些硬件厂商,不知道这次它的企图是否是物联网市场……

大量的企业家在说:"生意一年比一年难做",当说这句话的企业家中,不只是行业中的二线企业的拥有者,也有一线品牌的拥有者时。我们需要把视线从产业链上的某一个环节跳出来,看到整条产业链,看看利润点是否在迁移? 这个时候,就需要考虑参考王永庆、IBM 的方式了。

中国的照明行业,英雄皆出自草根。他们用了十年的时间,成长为了销售规模在 30 亿元左右的产业巨头,其利润情况,比百亿级的家电企业要好很多。

他们是在跨国公司的压倒性优势下崛起的,他们选择的产品都是当时跨国公司所不重视的小品种,低技术含量的品种。雷士崛起于商业照明,其产品线集中于商铺的常规产品,欧普崛起于家居照明,其产品最初只集中于容易大规模生产的吸顶灯和节能灯,不能大规模生产的家用灯饰类产品并没有生产。

经过十年时间的发展,他们做透了中国的各级市场,五级市场上都开始使用他们的产品,产品线也极大地扩宽和丰富……这个时候,出现了新问题:市场增长出现了瓶颈状态,利润也出现平台特征。

其中一家企业数年前就做出了这样的战略选择,到上游投资,做高科技含量的光源产品研发。试图布局未来可能大规模应用的光源产品,供给全行业使用,而目前这些产品的技术还在几家跨国公司手中。很多业内人士当时是反对这种选择的,觉得市场上还有红利可以开发,做上游高科技产品投入大,风险高……

然而近几年,当市场上的房屋空置率越来越高时,行业中的企业都先后告别了高增长,开始感到家电业当年市场饱和时的凉意。而这个时候,这家企业的布局开始展现出巨大的回报……

"中国式营销"是一种实践中胜出的理论,但是任何理论都会适配一种行业竞争环境,用兔子成长的方式永远饲养不出骆驼,要想成为骆驼,成为百年大树,还是需要考虑追随行业利润点的迁移,敢于大投入,布局长回报周期的环节,进行下一轮的蜕变。

在产业链上盈利的第二种方式:同时经营两个关联环节

对于很多小型企业来说,也同样存在一种在产业链上盈利的方法。

湖北省有一家灯饰产品批发商,年利润过千万,很多同行很奇怪,为什么零售客户都直接到产地进货的时代,他还有这么高的盈利? 原因其实很简单,这位老板很早的时候就明白产业链上的多点协同,他在产地偷偷开了一家工厂,同时又保留了大批发商的身份。其他的批发商一个月去产地一次,他每周去一次,第一时间拿到新款,第一时间卖新款,当他知道哪一个款式好卖时,就用自己的工厂批量生产(花式灯饰类产品是不看重品牌的),当同行们开始进货到店内时,他已经降价了,所以他的生意越来越好。

这就是很多小型企业可以采用的方法:在产业链上找出两个具有关联潜力的环节,同时参与,获取利润。

在产业链上盈利的第三种方式:抽血整条产业链

还有一种在产业链上盈利的方式,就是在一个环节形成垄断,然后保持产业链上其他环节的高竞争性,这些环节上的企业就会是打着老板旗号的打工仔,源源不断的贡献利润。

国外的企业是通过技术和资源垄断达到这一种境界的,比如电脑时代的 INTEL 和微软、珠宝业的戴比尔斯,在这些产业中,电脑制造商、珠宝生产商通通是打工仔,即便他们的成品品牌如何著名,都是实质上的打工仔。

国内的垄断型企业其实也有类似的设计,网络上的抱怨,好多就是由此引起的。垄断,对于很多企业来说还比较遥远,能不能给小企业,起步中的传统企业找到一个抽血产业链的设计? 能。当一个产业集中度比较低时就存在这种机会。

在一个"小、散、乱、弱"产业中的一干企业普遍需要一个推广销售平台,当一个企业能培育这个平台时就会实现巨大的利润。目前的平台企业大多数由互联网人士操办,如比较普遍的各类团购网,比较成功的订餐网站"饿了么"，打车平台"滴滴打车"……然而平台不一定对技术的要求非常高，传统的企业完全可以进入这个领域。

在茶行业中，有一家小型的茶企因为偶然的原因，几年前办了该城市的"茶叶展会"，帮助自己及一干相关企业推广，结果几年后，展会这个老形式的平台给它带来的利润远远超过了茶叶生产销售的利润，该企业老板正在考虑变换形式，引入更多更好的服务方式，打造新平台。

笔者曾经见过北方农户自发组织起来的平台，销售当地村民喂养的动物皮毛类产品，虽然粗糙，但是实效性和盈利性都非常强。

本节我们讨论了三种在产业链上盈利的方法，无论企业大还是小，无论是否具有强势地位，都有在产业链上盈利的机会。

轻松赚钱：套利思维三部曲

中国营销探索 30 年，概念纷飞，门派众多，正是在这样的嘈杂环境中，诞生了一个又一个的营销奇迹。

归纳起来，中国各行业的奇迹背后共同的要害是：一个前提，三大法宝。

一个前提是需求旺盛，买什么档次和质量是消费者需要考虑的问题，不需要考虑的是要不要买。当一个社会和家庭富裕起来，买不买家电、服装、旅游根本不是问题，商品是短缺的，需求是旺盛的。

三大法宝是定位、渠道和广告。

定位不是定小众商品和大众商品，比如做节能灯、吸顶灯，企业定位自己只做"小清新节能灯"或"护眼学习型节能灯"是傻企业，企业定位是在大众商品中定位，档次高还是低，品质高还是低。通常一个行业中存在这种现象：只要把成本提高一倍，厂家和经销商利润提高五倍，通常都是赢家。

举例：原来行业中产品零售价 10 元，出厂价 7 元，众多厂家拼命把价格降到 6.5 元，这个时候，"定位"的机会就来了，做成本 13 元的产品，出厂价 16 元，让经销商把零售价定在 31 元。这个时候，"有品位、有实力"的消费者会选择 31 元的"品牌产品"，产品好不好？当然好了，成本贵一倍的东西当然比"水货"的质量好！这一点是可以用肉眼和手感直观感受到的。至于厂家的利润率变化,消费者是没精力去考虑的。这是升定位的战法,也有降定位的战法,比如联发科搞出的经典战役。

渠道就是武术中的下三路。"深度分销"、"渠道结构设计"、"渠道运动"、"渠道促销"、"渠道洗脑"……总之,要搞定利益关系,把自己的产品在通路中占据最中间的道路,保证顺畅出货,不堵车,不被小鬼关卡给卡住。

广告就是武术中的上三路。树立形象,提升消费者信心,广告一响,黄金万两。

这就是中国营销30年的奥秘,按照一、二、三的步骤来做的企业,有实力做全套的企业,赢面最大,只能做第一项的企业赢面也不小。逆向做的企业,那些烂产品,虚渠道,只知道做第三项(打广告)的企业,也有一定的成功比例。中间状态的企业,没做一和三,只做渠道,依靠深度分销,也有不错的成功比例。谁叫中国市场机会多呢。

这三大法宝,只有打到行业出现霸主,需求不再旺盛时,才会出现系统性的、大面积的失效。这个时刻,在中国各产业,已经全面来临。这点已无须我们证明,水深火热的企业家,虚挂着点石成金名头的策划大师们都心知肚明。

新时代,新的三部曲

"每隔十年回头看,当年都是好日子。"现在,只要转变思路就是好日子。

现在物资充裕,行业中仅剩的"现成的需求"被一大堆寡头型企业把持,天上掉馅饼肯定被高个的吃了……所以,首先要解决需求。

解决需求并没有想象中的那么难,消费者"喜新厌旧"是人的本性,他们只是把需求转移了,哪个行业出现魅力型产品,没有引发巨大的需求火山爆发? 这就是我们强调"魅力产品"的原因。

有了魅力产品,才可以大量的引发免费而高效的传播,有"魅力内容"、"魅力话题"当然能"隐传播"。有了魅力产品,才可以嫁接各类资源,构建新的销售通路,小米在微信上卖,米粉们只能屁颠屁颠开通支付手段,然后排队抢购。换成普通产品,能随意构建高效经济的销售通路? 这就是魅力产品前提下，做的技术性处理——"隐销"。

有了上面两步，就成功地售卖出大量的商品，但是"只有热闹，没有利润"肯定不行，最后就要设计利润放大器。先圈地，把产业链，把其他行业都圈进来，再拿出放大镜，用本书提供的技术观察每一个环节，把巨大的成本置换出来，把利润点设计在每一个角落。

魅力产品、隐销技法、套利模式，这是新时代获得市场硬通货权力的新三部曲。

套利思维演示：一通电话时间的运用

书写到这一节的时候，刚好有个朋友打电话来，说要给份做办公家具的计划书，让我们帮忙看看思路，结果我们直接在电话上给了他一个新思路，正好收录进来，用来展现三部曲的用法。

打造魅力产品

先忘记怎么大批量进零部件，在北京附近郊区组装等省成本的方式吧。先来审视一下办公家具的产品。

办公家具现在已经不再是那些产品目录中的东西了，简洁风格和舒适风格也不再是关键，钢板厚度也不再是关键。关键是现在北京牛掰的企业都开始学习 google，把办公室装得像休闲会所，一般的企业也要把自己的研发部的牛掰工程师们环境搞好，新的设计追求的是生活化、主题化，基本上比的是个性化。

既然这个市场已经有自己的魅力型产品方向了，那么，就主攻这种类型的市场。大多数的供货商都想在这种个性化产品中获取高价，这是肯定以及一定的，那么，这就是小米当年面临的好环境，人家都卖 7 000 元的高端手机，我就按成本 1 999 元卖，会引发何等的地震？

制作怎么办？好办，团结一堆未出名，但有实力的设计师，帮助他们出名，帮助他们获得订单——能定制这种办公家具的企业都是头上有光圈的企业啊，他们习惯支付设计成本。

然后呢？然后到广东找生产厂家就是。这点他们很有实力。

实现隐销

以前需要考虑如何招业务员，如何防止业务员飞单，如何利用别人的业务员……

以前考虑如何发布广告，如何给装修商、设计师、相关人员红包，让他们帮助搭线、递画册、约见、看陈列厅……

这都是巨大的费用。现在可以反过来做，捧红企业的行政总监，请她来讲自己企业的理念（宣传企业），将自己的设计要求（宣传自己），与设计师的沟通与合作（宣传设计师和她自己），最后创造了奇迹——十倍的员工归属感，三倍的环境提升，80％的预算节约……

听众是谁呢？下一波企业的行政总监啊，各类媒体啊。

在这个社会需要听到新的成功故事的年代，这个方式才能撬动一个个的自媒体、传统媒体……

再来点产能限制，特供产品，以供排队，热销……整个企业的名声和江湖地位就会被建立起来。

实现套利

要设计点来钱的端点了，好像这个也很简单：

赚二手市场的钱，合同上签订，价格是超低价出售，但是甲方换新时必须卖给我们，规定好价格。越是牛掰的企业家具更新越快，处理旧货时候的价格可没有买新货时审查严格……这些廉价的办公家具，贴上××公司××设计师用过的标签，翻数倍卖给小企业，还能帮助老板激励员工。

赚深度服务的钱。越是牛掰的企业，发展越快，总是会搬迁，那么，帮助他转卖办公场所给下一家企业，升级的企业不用搬旧物，新来的企业也可以节约大量的费用……这里面的盈利也是巨大的。

其他盈利点：

当做强市场地位，做大市场规模时，设计师的设计费可不可以分成？原

189

材料厂家可不可以控股或者分利润？贴牌厂可不可以收取进场费、考核费、质押金……

　　这就是运用三部曲思维，用 15 分钟时间 YY 出来的一个案例，虽然没有深度的结合办公家具的行业特性，但是大致的框架还是存在的，至少朋友听完之后很兴奋。

　　运用这种思维，赚钱还难吗？不要再无用地哀叹生意不好做，领会本书的三部曲，你也可以山鸡变凤凰。

第七章 品 质 无 缺

本书的商业逻辑

本书的核心是产品,但我们所说的产品不是传统 4P 里的产品,而是一个系统。这个系统的本质,就是贯穿产品、销售、增长、利润、品牌的系统思想,我们称为产品到品牌的商业逻辑。

中国营销界为产品、品牌、渠道、销量等的关系问题,打了近 20 年嘴仗,结果到现在依然是各执一词。我们提出从产品到品牌的商业逻辑,未必可以终结这场论战,至少可以给读者提供一个靠谱实用的路径,也就是帮助企业从无到有、由小到大、由弱致强的可持续发展道路。免于被一些错误观念的误导,如营销是忽悠、没有定位就卖不好产品等。

我们明确反对这种观点:如果谈产品的重要性,就会被认为忽视了品牌;如果谈渠道、市场,或铺货,就被认为缺乏战略、高度,或冷落了定位、心智这些高端"贡品"。

上述误区的本质,是连产品与品牌的逻辑关系也没有搞清楚,就信口开河。

还有一种品牌"原教旨主义"理论,声称如果没有搞清楚品牌核心价值、品牌个性,没有一套"视觉锤"(VI 识别及核心符合的别称),没有了品牌力,产品就只能陷入打折促销才能卖的境地。

这种理论对品牌理论的阐述本身并没有多大错误,离奇与错误的是没有搞清楚品牌生成的商业逻辑:没有所谓的核心价值、个性、视觉锤,产品就不能卖了吗？品牌力来自何处？品牌就不能促销打折了吗？

包括自 2010 年以来风行营销界的定位与品类理论，似有将品牌观玄学化的境地：王老吉的百亿品牌靠定位，一句怕上火广告语打开所谓心智空间；真功夫、香飘飘等一批品牌的成功被归功于品类战略，品类第一品牌的口号满天飞；还有炒 VI（符号视觉化）冷饭（重新命名的把戏）的"视觉锤"概念。

其实，过去 30 年中国市场里企业成败生灭的现实，早已给出了明确的答案：奢谈品牌而罔顾产品的企业，绝大部分成了流星，如爱多；重视产品，重视品质，甚至从不去研究所谓品牌核心价值、品牌个性的企业，也越活越好，如老干妈；即使专注渠道，产品无原创，品牌不高大上的本土企业，也持续稳定地在发展，如金丝猴、同福碗粥；产品消失，品牌价值也就消失的企业，就更是不胜枚举，如旭日升、三鹿、波导、夏新等。

产品与品牌之间的关系，不仅仅是一个专业理论问题，而是涉及企业战略资源配置，乃至企业生死存亡的商业逻辑问题，对此问题如果缺乏正确的认识，实践里必然要付出惨重代价。要么错误投放资源，如提升品牌力的传播投入，却没有驱动销量增长；要么忽略了企业发展的核心驱动力：产品创新、产品策略、产品推广等，品牌知名度倒是够响，却都是骂名。

魅 力 何 来？

这本书是在《产品炼金术》方法论基础上的精炼化：将"魅力"作为一个核心的购买驱动力，考察在移动互联网环境下的产品智造新方法。

正如我们在前六章所阐述的，在中国进入相对物质丰裕社会、市场进入移动互联网"三个世界"的大背景下，驱动消费者购买产品的驱动力，不再是广告洗脑加渠道门槛形成的"硬卖"（即消费者没有选择权，或者他择成本过高而放弃），这些依靠资金占用资源的土豪级营销，以及压上全部资源的赌博式营销，已经不能再控制得住消费者。

未来的消费者，有更多渠道、更低转换成本、更便捷手段，选择自己认可、喜欢的产品。也就是说，在移动互联网时代，消费者主权不再是一个理想,而是现实。

如此的现实,企业要怎么做呢?

无论是巨型企业、领导品牌,或是创业企业,从某种意义上说,都站在同一起跑点上。创立三年的小米敢与格力豪赌十亿元,三年销售额超过现在千亿规模的格力,创立两年的三只松鼠成为炒货行业前五大品牌,甚至充满争议的雕爷牛腩、黄太吉烧饼、泡否情趣用品等,这些新产品为什么能短时间成为超越行业内的传统企业?

我们认为核心是两个字：魅力。

这个魅力并不来自领导地位、背景、权威、广告轰炸等,而是来自核心产品,包括围绕产品建立的独有的商业模式(高效率的销售模式、低阻抗力的盈利模式),也就是将魅力产品、隐销、套利精巧结合的商业模式。

为什么要魅力、隐销、套利需要三结合? 在产业边界融合的大背景下,很多产品的魅力其实来自套利的设计,如小米手机为什么可以将硬件价格压到成本线附近,从而使产品具备高性价比,小米 3 要是定价与其设计原型 LG 巧克力、诺基亚 Lumia1020 一样的定价,还有魅力吗?

小米 3 与诺基亚 Lumia1020、LG 巧克力在产品设计上的血缘关系

小米 3

诺基亚 Lumia1020

LG 巧克力

小米与诺基亚 Lumia1020 价格性能对比

产品名称	诺基亚 Lumia 1020	小米手机3
屏幕尺寸	4.5英寸	5英寸
屏幕分辨率	1280x768像素	1920x1080像素
屏幕像素密度	332ppi	441ppi
网络模式	GSM, WCDMA, LTE	GSM, TD-SCDMA
手机尺寸	130.4x71.4x10.4mm	144x73.6x8.1mm
手机重量	158g	145g
操作系统	Windows phone 8	MIUI V5 (基于Android4.2)
核心数	双核	四核
CPU型号	高通 骁龙Snapdragon S4	Nvidia Tegra4
CPU频率	1.5GHz	1.8GHz
RAM容量	2GB	2GB
ROM容量	32GB	16GB/64GB
电池容量	2000mAh	3050mAh
前置摄像头像素	120万像素	200万像素
后置摄像头像素	4100万像素	1300万像素
价格：	4 299元（最低）	1 999元（官方）

　　只有打破产品、销售、盈利等各自为政的概念框框，才能从产品是一个系统的角度，全面、完整地洞察产品与消费者（或顾客）之间的关系，找到最能让消费者认同、同时可以超越竞争对手的"产品之尖"：凝聚在产品（含服务产品）之上的"魅力"。

　　也就是回到商业基本点（Back to basic）：搞清楚魅力产品如何吸引顾客

购买、持续购买、失去价格敏感性、乐意炫耀推荐。

这就是顾客滚雪球,魅力产品的理想境界。

魅力产品的本质

本书将魅力延伸到了传统的产品概念之外,对于头脑被格式化了的部分人来说,会不太适应本书的框架。我们在最后这一章,就回到产品的基本形态,即所有魅力的原点:支撑魅力大厦的物化产品及具象化的服务。

隐销也好,套利也好,产品系统也好,本质上,都建立在这个原点之上。而且借此机会,我们也要再三强调:如果这个原点做不好,隐销的工具再先进,套利的模式再精巧,都是无源之水无本之木。

魅力产品(含服务)的本质是什么呢?

我们在《产品炼金术》里就说过,产品满足顾客需求是正确的废话。因为产品营销的核心,并不是(或仅仅是一个起点)顾客需求,而是企业的产品是否有效满足了顾客的需求。这是重要的关于产品营销的基本出发点,也可以说是决定产品战略成败的第一个分水岭。

那么,魅力产品又有什么新特点呢?

需要提醒读者,魅力并不是产品本身的属性,也不是品牌化(Branding)的鬼斧神工,而是来自顾客认知与情感层面的一种投射,简单地说,来自人类审美感觉与意识的历史积淀,审美感觉因种族、民族、区域亚文化、阶层亚文化等而不同。也就是说,魅力是一个文化概念。魅力不是一个物理属性,但必须也只能通过一定的物理形态呈现出来。这是商品拜物教的一般哲学基础。

因此,魅力是一个审美范畴。

传统的魅力产品,多集中在女性消费品上。随着生活条件的改善,几乎所有社会都呈现这个趋势:无魅力,不消费。子曰"食不厌精脍不厌细",这是人性的自然倾向。

从顾客角度看,魅力产品引发以下自然反应:

1. 产品吸引力

如果读者翻阅时尚杂志，就可以注意到一个现象，时尚杂志的读者，会被其中的一些产品吸引，留下深刻印象。这些吸引读者的产品未必是花了大价钱整版做广告的品牌，可能是一片游记，一张照片，一段用户使用描述等。

区分吸引力与关注度很重要，这是魅力与广告的分野：广告是来自品牌商一种强制性的意识灌输，魅力是顾客随机状态下的被吸引。

2. 主动的关注

魅力产品会触发受众的主动关注，受众会成为"魅力产品"的易感人群（喷嚏顾客），他们会主动阅读、搜索、分享涉及魅力产品的各种信息。

如iPhone6新机型的各种设计、谍照、猜测，都会引起果粉的关注、讨论。其实，这是一种典型的魅力产品营销方法，利用顾客关注点，培养预期消费者。

3. 喜欢、潜在、预期或直接的购买

受众是否一定会购买魅力产品呢？答案是不一定，而且魅力产品的受众比实际购买者大得多。所以，魅力产品从来不是只注重顾客服务或者售后服务，而是注重用户体验。这种体验与是否购买无关，或者这样说，魅力产品从不假设关注自己的必须成为顾客。

魅力产品将所有的选择自由，交给用户（受众）。魅力产品将对受众的尊重，视为与对用户的尊重一样重要。如果对此缺乏意识，或者没有做到这一点，产品就很难得到顾客的尊重。国内的很多品牌专卖店，迎客满脸笑，对不买的顾客就流露出不满，这都是对品牌的损伤。

4. 满意、炫耀

魅力产品的用户，对购买及使用的魅力产品，满意度较高，通常会主动向朋友炫耀。炫耀并不是奢侈品消费者的特质，而是魅力产品消费者的共同特征。购买或收到蒂芙尼项链的消费者，与购买了限量版耐克鞋或者可口可乐罐的消费者，具有共同的心理特征。

5. 非价格考量

魅力产品的最重要结果就是非价格考量。生活里都会有这样的场景，消费者会询问任何产品的价格,但是对于其喜欢的产品,总是能找到各种接受的理由。

这就是说,消费者实际上对魅力产品的价格是不敏感的,即使这个消费者在其他商品的消费中,是个价格极端敏感者。理解这一点,可以更好地理解定价与魅力产品的关系:定价策略是调节魅力产品现实购买力的阀门。

以前面提过的特斯拉(Tesla)汽车为例,当特斯拉宣布中国市场的定价是人民币 734 000 元时,被 iPhone 手机中国市场定价永远最高折磨的消费者大呼惊喜。实际上,当小米 3 宣布 1 999 元的官方价格时,市场也是一片惊喜,这让小米 3 首发创下了成交效率最高纪录:

小米 3 发售记录:86 秒＝10 万部,算上部分购买配件的,手机部分现金回款超过 2 亿元。86 秒＝2 亿元(小米 3),与 24 小时＝191 亿元(2012 年淘宝天猫光棍节),哪个显示出革命性特质? 小米 3 的回款速度是 233 万元/秒,天猫的回款速度是 22 万/秒,小米是天猫的 10 倍!

小米当然不是设计最优秀、品质最好的手机,但小米手机的历程,体现了社交化时代魅力产品的逻辑路径,其中,产品的定价,是触发购买力的阀门。定价成了强促销杠杆。

自然,我们也都会碰到这样的体验,把自家产品吹成一朵花,在宣布价格后,大部分消费者就跟这个产品 Bye Bye。

我们所谓的魅力智造,不是传统时尚奢侈品的魅力模式——高高在上,美物不可方人。我们要智造的,不仅是魅力产品,而且是可以"自由"调节购买力的魅力产品。这不仅是需要洞察人类审美力量的奥秘:超越一切限制的感染力,更需要商业洞察:定价策略、销售管道、套利模式。

魅力品质的特殊性

品质不等于魅力,但魅力必须具备无可挑剔的品质。这种品质不仅指产品本身,也包括产品的包装及各种相关、附属的材料。我们历来反对过度包装,包装的本质不是简单或繁复,而是产品供应者是否体现了"用心":用心保护产品，体现对物品的重视，也就是对顾客的尊重。

中国企业普遍欠缺的，正是对产品的虔敬之心。这是导致三聚氰胺、地沟油、瘦肉精等一切产品质量、食品安全事件的根源。

一个企业经营者，没有把产品做得越来越好的决心与投入，整天把扩张、利润、成本、资本等当做企业管理层的主要工作，这样的企业家不在少数。

我们见过太多这样的企业，对外脑拍胸脯：我们的产品绝对没有问题，产品质量是行业最好，你要什么产品我都能生产出来，就是品牌不行、团队不行、策划不行、招商不行，云云。

但实际呢？产品品质不稳定，销量快速放大的时候，产品供应都出问题，品相经常缺货、品种断档，产品外包装问题层出不穷，消费者的质量投诉生产部门总能找到与自己无关的理由。产品定价喜欢采用低质高价高促销的骗取策略，造一点概念、换个包装就想把产品价格"虚高"上去做高端，等等。

对产品保持虔敬之心，并不意味着企业必须做出"最好的"产品，而是对依据自己对产品制造的专业水平，确保产品始终按照专业的标准去制造。

我们有幸服务过对产品有虔敬之心的企业：

> 嘉士伯(Garlsberg)啤酒的金科玉律：嘉士伯啤酒厂酿制啤酒的长远目标，不在于赚取短期的利润，而是将啤酒酿制艺术发展到十全十美的境界，务使嘉士伯啤酒厂及其产品，能树立一个优良的规范，把嘉士伯啤酒的酿制技术，保持在一个永远受人推崇的高超水准。——嘉士伯创始人 J. C. 雅各森

茅台的十六字纲领：崇本守道、坚守工艺。贮足陈酿，不卖新酒。

产品品质对于顾客来说，可以感知，对于企业来说，往往很难感知，而是蕴含在企业管理包括企业每一个人的素养与习惯里，这是始终重视、长期坚持、不断训练的结果。也就是说，品质，绝不是一朝一夕之力，也不是购买了最先进的设备、用了最好的原料，就一定可以确保品质的。

魅力产品对于品质的要求，无疑比合格产品的要求更高。魅力产品要

求的品质，是审美层面的品质。

魅力产品的六个必要元素

魅力产品必须具备六个元素，缺一不可。魅力不能接受瑕疵或不完美。魅力可以引发吸引力的心理机制，是生活在不完美世界里的人们对于完美潜在渴望的投射。所以，风格、形式、内容、审美偏好等都会变，魅力的本质或者说魅力的六个元素，始终如一。

1. 精致

精致与产品价格档次有关联，但不是直线因果的关系。卖 3 元一罐的可口可乐，几十块钱的吉列锋隐剃须刀，与卖 800 元的耐克鞋、2 000 元的飞利浦水洗剃须刀，与售价 5 000 元的 iPhone、1 万多元的索尼 VOIA Z 系列笔记本，及几十万元的劳力士手表，这些工业品，都体现代表着精致的品质。

不是我们推崇国外品牌，国内多数行业第一品牌的产品，大多没有达到这个标准，只能做到合格，而不是精致。小米 3 算是接近了精致的标准。东阿阿胶、格力空调、茅台（飞天）、剑南春（珍藏级）等产品，符合精致的标准。

2. 细节

很多人将细节理解为精雕细琢，如日本漆器的上色，插花茶道的繁复礼仪。这种耐心细致的工匠功夫，是细节，但不是细节之本：细节不是琐细，而是基于精致之上的延伸，即十二个字：表里如一，内外如一，没有瑕疵。

乔布斯经验的重要一条，是要求将电脑内部顾客看不见的地方也要完美，就像他父亲告诫他的，好木匠做的柜子，背面与正面是一样的。这一点，99.9％的企业会出于成本与制造时间的考虑，降低要求，我们生活里的绝大部分产品，都是这种一面光的裱糊产品。

细节也意味着对产品结构的充分了解。乔布斯说：要完美地设计某个东西，你就必须先熟悉它，真正地了解它。这需要投入很大的热情，需要反复地咀嚼回味，而不是囫囵吞枣。但事实上，大多数人都没有花这样的时间。

我们只想重复并希望产品研发者自问：你真的花时间在你的产品上了吗？是否到了日思夜寐的程度？如果答案是没有或不确定，你需要知道该做什么。

3. 风格

精致、细节都做到的产品，一定会呈现一种独特的形态与风格——其实做到精致、细节的产品，已经完成了产品魅力的 80%，这种风格，可以称之为格调。

我们说过，产品的最高境界是形成独特的风格，这就构成不可复制的品牌元素。但风格本身又是一个牢笼，它反过来会对产品的多样性、多元化构成限制，有时，这种限制会令品牌"过时"。

《产品炼金术》里将产品风格界定为：一种恒常性的内在气质与外在表现。风格化是将产品从可怕的索然无味中拯救出来的法宝。

4. 极简

在多种风格里，极简成为时尚消费品的主流风格，与城市化、物质丰富等生活环境有直接关系。在风吹草低见牛羊的茫茫草原，审美风格依然是鲜艳亮丽，图案繁复，因为大草原上缺的不是单调纯净，而是热闹人气。

极简这个魅力元素，就是要删繁除冗，也就是将所有不必要的内容与形式都删除，保留最核心的元素，形成内容上的极简之美，感知上的强烈记忆。

乔布斯的苹果圣经说：我的秘诀就是聚焦和简单。简单比复杂更难，你的想法必须努力变得清晰、简洁，让它变得简单。因为你一旦做到了简单，你就能移动整座大山。

减法比加法更难，因为好东西都舍不得放弃。确定优先性，再将最后过滤留下的想法变简洁、清晰，如果看到这个最后结果的人都情不自禁地"WOW"了一下，就说明你成了。否则，你还得沿着简洁、清晰、优先性、最后焦点四个维度去努力。

5. 材质

2013 年，苹果同时发布 iPhone5S 与 5C。与事前的预计相同，5S 的金色版本,变成了最受追捧的土豪金,最高价格炒到1万多元,魅力产品的疯狂,令全世界瞠目结舌。而号称大众化的5C,却招来嘲笑一片,出货量也极差。显然,果粉们没有几个愿意去贪图1 000多元的价格差,拿5C太屌丝了。

5C与5S有什么区别?功能、尺寸、外观设计等完全一样,差别只要一个:材质。5C是塑料外壳,与5S土豪金的金属外壳比,所有消费者都把这两个功能一样的产品看做两类产品。

材质是构成魅力的关键要素。材质实际是触感、嗅觉、感觉乃至味觉的综合体。材质及其工艺、色彩、构图等,可以向顾客传递纹理、温度、味道等的联想。

材质的选择,必须与产品的档次定位、顾客审美等相关联。

6. 包装

再提醒一下包装。我们所说的包装,不仅是包装的设计、标签、外盒等产品直接包装,而且包括物流过程里的保护性包装,以及为了保持产品温度、位置等的内部固定、保温装置等的包装辅助材料。

上述三类包装,必须统一考虑,直到确保产品交付到顾客手上时,与产品研发者在实验室里打开包装是一样的状态。

再次强调一下:包装与产品的关系,不是衣服与身体的关系,包装不仅是产品的保护,而是产品的一部分,就像皮肤与身体不可分离一样。

做不到品质无缺的产品,就不存在魅力化的可能性。魅力不仅立足于合格品质,而且必须是无缺品质。

中国制造要像德国制造、日本制造一样受到尊重,必然需要中国的产品受到尊重。要想产品得到尊重,品质无缺与人文魅力,两者缺一不可。

做真正的创造者,而不只是生意人。这是我们对本书读者最殷切的瞩望。

跋： 致艰苦跋涉中的创造者

如果说《产品炼金术》是为企业家、CEO、产品经理而写,《魅力的智造：粉丝产品创新法》就是为创造者而写。

创造者(Creator),包括创业者、企业家、创意者,但我们心里的创造者,包含更多的内涵。

创意可以兑换成商业价值,也可以兑换为专业奖杯(艾美广告奖之类)。创业者可以从技术创新开始,也可以从山寨跟随开始。之于企业家,从经营稳定性角度看,创新并不是企业的首要选项。

只有创造者,创意、创新是唯一、核心的优先选项,或者说,就像乔布斯一样,天生就有创造者的基因：活着,就是用产品改变世界。

创造者,必假于物。这个物,不仅包括产品,也可以是文字、定律、公式、音乐、影像、图片(含绘画),乃至建筑、山川、河流、空气、阳光等一切具有"形态"的"人文物件"——也就是卡尔·波普尔所说的构成"世界3"的所有人力与智力的创造物。

创造者,以其创造精神而被定义。创造者的产品,可以有各种各样的商业价值形式,如我们在套利一章里所探讨的盈利方法,并非只能是标出价格、低进高卖。

实际上,一个社会如果缺少创造者,商业的形态会非常单一,如成为世界工厂,污染自然资源,压榨人口红利,破坏人际关系,其实只是获得产品价值链里最小的一块收入。

苹果产品价值链的构成,就是如此：苹果总部的创造者们,享受加利福尼亚干净的阳光海滩,帕鲁·阿图往来无白丁的优质社区。制造 iPhone 的富士康里，那些年轻的男孩、女孩，如机器人一样工作、吃饭、睡觉，世界的繁华与灯红酒绿，与他们没有关系，他们没有机会恋爱、没有社交，只能在游戏里获得虚幻的满足，以致发生"富士康十三跳"。

一边是面朝大海，春暖花开；一边是心灵荒芜，肝脑涂地。

中国必须对全球价值链低端的中国制造说NO!

中国企业必须从世界工厂向世界智造转变，中国产品必须从制造加成的利润被动者，向多元套利的利润主导者转变。

一句话，中国要摆脱人口红利，向创造者要红利。

什么是创造者红利(Creator Bonus)？

2007年iPhone诞生的时候，人们惊艳于苹果的大屏、操作方式的便捷，都认识到这是智能手机的革命，但很少人意识到，iPhone背后的APP，不仅革了电信运营商产业链的命，引爆了手机端的商业革命，而且改变了人们的信息交流与社会生活。五年之间，安卓与iOS将人类带入移动互联网新时代。

再往前一点，2003年淘宝诞生，过去被媒介门槛（品牌传播）、渠道门槛（销售布点）挡在市场外面的中国制造，有了展现的舞台，无数中小微企业拔地而起，消费者用低成本满足了购物欲，C2C的淘宝改造了中国零售的格局。

创造没有止步，正在兴起的微信、特斯拉、余额宝、智能家电、智能医疗，这些前所未有的新产品，不仅仅是在满足消费者的一类需求，而是在开创一种新的生活方式，在商业上，则是开创了一个新行业。这是创造者红利之大者。

创造者红利之小者，小到一个新产品，如胶囊机这类咖啡、茶叶新品，或者是一个创新流通方式如生鲜电商，让世界美味直接送餐桌，或者如老干妈这类传统的创造者，都在为社会创造有益的价值。

创新驱动是喊了多年的国家战略，但是谁才会创新？抄袭成性的人也不会创新，眼睛里只有利益的人也不会创新。在当下的中国市场里，有大把权钱勾结的机会获得财富，创新不过是瞒天过海的遮羞布。只有创造者才会真正去创新,只有创造者,才会产生真正的创新红利。创造者(Creator)是一群特殊的商业物种。

如何获得创造红利?

本书给出的答案是:靠魅力产品、粉丝产品,靠高段位的隐销,靠掌握利润主动权的套利模式。这些都不仅需要创新力,更需要真正的创造者。

创造者不是简单的技术创新、转型升级,而是一种精神,一种思维,一个信念,一个追求。没有创造者,一切的创新都是空谈。

没有创造的意志,如何能有真正的创新! 没有创造优质产品的激情,抄袭山寨就会成为习性。建立在抄袭山寨之上的商业,能有多少真实、可持续的价值?

创造红利不仅体现在商业价值,更是一种社会价值,乃至一种人性价值——创造者的红利,可以令生命获得真实的充实与价值。

假设财富是衡量价值的唯一标准,实际上是在输送一种错误的价值观,这种价值观的泛滥,让所有人陷入焦虑,让人际关系陷入紧张,最后变成一场零和游戏。

创造者的价值,不是零和游戏,而是创造并分享增加值,这就是创造红利。

《魅力的智造:粉丝产品创新法》,是一本专业的企业管理、产品战略、市场营销的著作,但我们更希望本书带给读者并成为创造者的信心、志向与方法。本书要带给读者一份自信:Impossible is nothing(没有不可能)。

我们深知,创造者,无不经历艰难困苦。但这种艰难困苦,恰是创造者的资粮。害怕逃避这种艰难困苦的,不是真正的创造者,更不会有真正的创新。

只有创造者,才是必然的创新者。创新是什么?

创新是你在别人眼里的石头里,看到蕴藏的璞玉,剖开它、雕琢它。

创新是一种眼力,是透过表象看到本质的能力。

创新是你在别人挖到水就停止的地方,继续深挖,结果发现石油或者金矿。

创新是一种坚韧，要求我们摆脱常人浅尝辄止的习性。

这样的品性，乔布斯能，你也能，只要你具备了创造者的精神。当然，我们也希望中国社会形成鼓励创造、尊重创造的氛围。

Only the creator of innovation（创造者创新）。

本书献给所有不畏艰难困苦的创造者。

我们与读者共勉。

史贤龙

2014 年 4 月 8 日

图书在版编目(CIP)数据

　魅力的智造：粉丝产品创新法/史贤龙,山峰著.
—上海：东方出版中心,2014.8
　ISBN 978 - 7 - 5473 - 0689 - 5

　Ⅰ.①魅…　Ⅱ.①史…②山…　Ⅲ.①企业管理—产
品管理　Ⅳ.①F273.2

　中国版本图书馆 CIP 数据核字(2014)第 142991 号

魅力的智造：粉丝产品创新法

出版发行：东方出版中心
地　　址：上海市仙霞路 345 号
电　　话：62417400
邮政编码：200336
经　　销：全国新华书店
印　　刷：昆山市亭林印刷有限责任公司
开　　本：710×1020 毫米　1/16
字　　数：183 千字
印　　张：14　插页 2
版　　次：2014 年 8 月第 1 版　第 1 次印刷
ISBN 978 - 7 - 5473 - 0689 - 5
定　　价：39.00 元